मेरा मौन बोलता है

कवि-लेखक
प्रेम भारद्वाज 'ज्ञान भिक्षु'

सम्पादक
प्रो. गीता सिंह

सह-सम्पादक
श्रीमती बीना खन्ना

डायमंड बुक्स
www.diamondbooks.in

प्रकाशक : डायमंड पॉकेट बुक्स (प्रा.) लि.
X-30 ओखला इंडस्ट्रियल एरिया, फेज-II
नई दिल्ली - 110020
फोन : 011- 40712200
ई-मेल : wecare@diamondbooks.in
वेबसाइट : www.diamondbooks.in
संस्करण : 2026
मुद्रक : रेप्रो (इंडिया)

Mera Maun Bolta Hai
By *: Prem Bhardwaj 'Gyanbhikshu'*
Edited by - Dr. Reshma Ansari
Co-editor - Smt. Veena Khanna

आभार

1.. मन मीत कहां मिलता है यहां

2.. दिल है काफिर

3.. मेरा मौन बोलता है

4.. मेरी उड़ान देखना

काव्य संग्रहों में अपने प्रथम गुरूजनों के साथ अपने माता-पिता (स्वर्गीय श्री मदनलाल भारद्वाज जी अपनी माता जी श्रीमती सुरेशी देवी को समर्पित करता हूं) मैं जो कुछ भी बन पाया उसमें अपने स्वर्गीय पिता जी और मेरी मां का जो हर क्षेत्र में आशीर्वाद, आशीष एवम् उनकी प्रकल्पित शुभकामनाएं हैं सब उन्हीं का परिणाम है, अतीत में जीवन सफर में अनगिनत प्रत्यक्ष अप्रत्यक्ष गुरु जनों से जितना भी निमित्त क्षमता मेरी थी ज्ञान प्राप्त हुआ उसी का ये परिणाम है के आज कुछ पुस्तकों के रूप में मैं अपने विचार, संस्कार, जीवन शोध, की परिभाषा अपने काव्यात्मक शैली से आम लोगों के लिए काव्य संग्रह के माध्यम से परिभाषित कर ग़ज़ल कविताओं के स्वरूप प्रस्तुत कर सका हूं।

कुछ अतिविशेष व्यक्तित्वों का ज़िक्र कई रूप में विगत वर्षों की साहित्यिक और सामाजिक यात्रा के बाद करना स्वाभाविक और उचित लगता है कि मैं उन्हें तह दिल से कई वजहों से आभार व्यक्त करूं, यद्यपि उनका प्ररोक्ष-अप्ररोक्ष रूप से कविता ग़ज़ल और साहित्य से चाहे सम्बन्ध ना भी रहा हो, परन्तु निम्नलिखित नाम मेरे जीवन में बहुत वजहों से प्रेरणास्रोत, कटू समालोचक, प्रेरक, भावनात्मक शक्ति के प्रतीक, यदाकदा अवसरों में काव्य प्रेरणा, जीवन के स्वरूप में सहयोगी, प्रोत्साहन करने वाले,सही और ग़लत का आभास दिलाने वाले, मुझे यकीन दिलाने वाले की मुझमें एक कवि, लेखक, एक रचनाकार है, मुझे सुन मेरे काव्य को रचनात्मक संरचना को सम्पूर्ण करने वाले, विभिन्न रूपों में मेरे आज के साहित्यिक व्यक्तित्व में असंख्य लोगों की स्वत: सहभागिता बनी रही

है, जिनमें प्रोफेसर गीता सिंह (डायरेक्टर UGC) सर्व श्री प्रख्यात लेखक, (आई.ए.एस.) बी.वी. शाल्वराज (कवि एवम लेखक हआई-रम-चैरी) श्रीमती शैल जैन (कवित्री एवम् माननीय न्यायाधीश) प्रो. जे.एल. कौल (पूर्व कुलपति गढ़वाल विश्वविद्यालय) प्रो. राजेश मोहन (पूर्व प्राचार्य ए.आर.एस.डी. कालेज) डॉ. संदीप वोहरा (मनोचिकित्सक अपोलो अस्पताल दिल्ली) श्रीमती बीना खन्ना (प्रख्यात सम्पादक एवम् शिक्षाविद) श्री अविनाश पुष्करणा (लेखक, जी.एस.टी. कमिश्नर) डॉ. हरीश नवल, (वरिष्ठ साहित्यकार) मित्र मेरे समधी श्री इन्दरजीत शर्मा (समाजसेवी, न्यूयार्क अमेरिका) श्री शिवा सुब्रमण्यम, श्री बलदेव मुंजाल, (साहित्य प्रेमी) श्री हरनाम सिंह (समाजसेवी, साहित्य प्रेमी) श्री राजीव माथुर (साहित्य प्रेमी) श्री चन्दरबल्लभ नौगाई (साहित्य प्रेमी) श्री सुरेन्द्र भारद्वाज, श्रीमती कमला भारद्वाज, श्री गौरव भारद्वाज, श्रीमती सतेश्वरी देवराडा, श्रीमती अस्वथी भारद्वाज, श्रीमती धनेश्वरी देवरानी, श्रीमती माहेश्वरी नौगाई, श्री तरूण शर्मा (अमेरिका) श्रीमती रीतू शर्मा भारद्वाज (अमेरिका) श्री सौरभ भारद्वाज, सुश्री रूपल भारद्वाज अनन्त संख्या में जीवन में काव्य जगत में सर्जन करते समय वजह और प्रेरणा या कई रूपों में मार्गदर्शन करते रहे हैं!

मैं सभी उपरोक्त और जो उपरोक्त लिखित नाम नहीं भी हैं जो जीवन के सफर में हर मोड़ पे कुछ नई कविताएं ग़ज़ल लिखने को प्रेरित कर गए हैं, मैं सभी हमसफ़रों का तह दिल से आभारी हूं उत्साह, प्रोत्साहन, व्यंग, तरंग, विवेचना, आलोचना, तर्क़ वितर्कों की वाणी, जीवन के सहज योग प्रयोग, विषम और सम प्रस्तिथियों में जीवन के राग, सहयोग असहयोग का अलिखित ज्ञान, पीड़ा और खुशियों में अपनों और परायों की उल्लेखनीय भूमिका, जीवन के विभिन्न रागों के सूत्रधार बने यक्ष लोग,जाने अंजाने किरदारों का जीवन में प्रभावी भूमिका, अन्तर्मन में रम चुकी विभिन्न धटना और दृश्यों के साथ लोग व्यवहार की अनुभूतियों के असर, से निकली हैं ग़ज़ल और कविताएं, उम्मीद है आप को इन पुस्तकों से कुछ जीवन के सूत्र प्राप्त होंगे, सभी अनुभूतियों का सदा आभारी रहूंगा उनके मार्गदर्शन के लिए धन्यवाद।

सम्पादकीय और भूमिका

आधुनिक दौर के ग़ज़लगो, कविता कारों में प्रेम भारद्वाज ज्ञान भिक्षु की पहचान देश में ही नहीं विदेशी मंचों से भी प्रखर हुए हैं, भूमिका में कुछ कहूं उससे पहले प्रेम भारद्वाज ज्ञान भिक्षु जी को साहित्य जगत में विशेष और विशिष्ट स्थान प्राप्त हुआ है,आपको जानकर बहुत खुशी होगी के मैट्स विश्वविद्यालय रायपुर छत्तीसगढ़ के हिन्दी विभाग ने श्री प्रेम भारद्वाज 'ज्ञान भिक्षु' के अभी तक के लिखे साहित्य पर शोध PhD कोर्स करवाने का निर्णय लिया है,जो इस बात का द्योतक है की कविताएं और ग़ज़ल का ए सफर अपनी उच्चाइयों को ना केवल छू रहा है, अपितु लिखी ग़ज़लों पर PhD कोर्स होना प्रमाण है कि काव्य में लिखा साहित्य प्रेरित कर रहा है जिसका प्रचार-प्रसार जिज्ञासुओं द्वारा उच्च शिक्षा में उपलब्धि और उपाधि में वर्णित होना एक साहित्यकार के लिए उच्चतम मानक होता है तो, मैं सभी पुस्तकों के सम्पादकीय काम में संलग्न रही हूं साहित्यिक यात्रा में इस उच्चतम शिखर के लिए कवि श्री प्रेम भारद्वाज ज्ञान भिक्षु जी को हार्दिक बधाई और शुभकामनाए देती हूं।

नई चारों पुस्तकें

1. मेरा मौन बोलता है,

2. मेरी उड़ान देखना,

3. मन मीत कहां मिलता है यहां

4. दिल है काफ़िर

पुस्तक में आप देखेंगे श्री प्रेम भारद्वाज ज्ञान भिक्षु जी की पुर्व में आई कविताओं और ग़ज़लों से एक लम्बी छलांग लगाई है जिसमें बहर में सदे मिसरों के साथ मतले के शेर हो या रदीफ़ और क़ाफिया में बन्धी मुक्कमल ग़ज़ल के मिजाज हो उच्च स्तर के बन पड़े हैं,कुछ ग़ज़लें तो जल्द आप देखेंगे कि गाने वालों की जुबां पे थिरकती धुनों पर आप सुनेंगे, कलेवर और फ्लेवर दोनों चारों पुस्तकों में बेहतर प्रयोग और ग़ज़ल की सहजता और

जटिलता का समागम है, लेखन काव्य शैली चर्मोत्कर्ष पे पहुंच चुकी है,व्यंग,समाज की पीड़ा, कुरीतियों के विरोध, स्त्री विमर्श, राजनीति पे तंज,आईना दिखाती रचनाएं, कालजयी सुखन की खनक, मौलिकता की प्रखर ध्वनि, सांकेतिक भाषा प्रौद्योगिकी की मिसाल बनी रचनाएं, बेबाकी की बानगी, सम्बन्धों, की काव्यात्मक अभिव्यक्ति, सामायिक विषयों पर सटीक टिप्पणी, रोचक काव्यात्मक व्यंजन नई शैली का अनुपादन, उच्च काव्य के प्ररिकल्पना को साकार करता काव्यात्मक ग़ज़ल और काव्य संग्रहों की चार पुस्तकों का संकलन करना और सम्पादन के दौर हर पंक्तियों को महसूस करना किसी जीवन गाथा जीवन शैली को अनुभव करने जैसा था, आप पाएंगे चारों पुस्तकें अलग-अलग शीर्षकों के बाबजूद किसी व्यथा कथा और जीवन की सतही सच्चाई से मुखर होती किसी निरन्तर बहती नदी सा हर शब्द पंक्ति में कुछ कह जाता है।

जीवन के लगभग सभी पहलू को छू रही ग़ज़ल और कविताएं मौलिक के साथ बहुत सार्थक भाव छोड़ने में कामयाब हुई है वो अलग बात है कि कुछ कविताएं कथन से प्यास भी बढ़ा देती है कि आखिर एक ज़िंदग़ी कैसी है, क्या है, हम, क्यों ऐसा है, पर शायद ये कवि की शैली है पाठक आगे कुछ और कल्पना करता है कि और क्या विशेष शैली में हो सकता है, शीर्षक आकर्षक ही नहीं अर्थ पूर्ण और रोचक है चारों पुस्तकें **1.** मेरा मौन बोलता है, **2.** मैरी उड़ान देखना, **3.** मन मीत कहां मिलता है यहां **4.** दिल है काफ़िर के साथ भविष्य में अन्य आने वाली सभी पुस्तकों के लिए शुभकामनाएं तथा बधाईयां देती हूं।

प्रो. गीता सिंह

(यू.जी.सी.) (बी.पी.एस.एम.बी.)

आज अपने हैं, पलभर में बदल जाए हैरत है क्या,
बिक रही है हर शै, बची हुई कुछ भी गैरत है क्या,
अब किसी ज़र की तमन्ना बची नहीं दिल में प्यारों,
सैर करके पता चला के, आगोशे-हुकूमत है क्या,
काम आई नहीं, जर, जोरू, ज़मीं जो सम्भाली थी,
ज़िंदग़ी पूछ रही थी बता 'प्रेम' तेरी कीमत है क्या,
हुरो-जन्नत की सम्त चला जा, या चला जा काबा,
ख़ाक को ख़ाक ही होना है तो ये मुहब्बत है क्या,
मय है ना, मयखाना है, ना बचा है अब कोई साकी,
रिन्द सही ऐ पूछ रहे हैं आखिर शिकायत है क्या,
दिल के दर्द सजोना, ज़ख़्म दुनिया से छुपाना, बस,
इश्क मे बची इसके सिवा और किफायत है क्या,

आगोशे-हुकूमत .... हुकूमत की गोद
सम्त........ दिशा, ओर,

जुबां पे अब तू है, तेरे सिवा कोई नाम नहीं है,
मौला सब दिया तूने अब कोई काम नहीं है,
रहमतों का शुक्रिया मैं कैसे-कैसे करूं बता,
लगा पाक नियत पे कोई तेरे इल्ज़ाम नहीं है,
है सर झुका हुआ तेरे दर पे फ़रयादी हूँ 'प्रेम',
खाली हाथ हूँ, कुछ दे सकूं इन्तेज़ाम नहीं है,
मुश्किल है सफ़र तुझ तलक पहुंचने का मौला,
ज़िंदग़ी भर फ़र्ज़ निभाना कोई आराम नहीं है,
ज़िंदग़ी सफ़र है चलते जाना है अनवरत यूं ही,
ठोकरें हैं, फ़रेब हैं, मतलबी लोग, मुकाम नहीं हैं,

सौ बार निकलती थी, इस दिल से दुआ पहले,
अब सामने है कातिल, जिसे इश्क हुआ पहले,
लेकर के इजाजत फिर, बनता था कोई फ़साना,
तिजारत का ज़माना है लेनी होती है रजा पहले,
कायदे थे, अदावत थी, पहले मुनाफिक मुक़र्रर थे,
'प्रेम' अब जुर्म भी करने से, मिलती है सजा पहले,
कहाँ वो पर्दानशी होंगे अदब कहाँ बेच के आए है,
नाज़ो-अदा, हुश्नो-जमाल से आती थी हया पहले,
अब रंगों से मज़हब की पहचान समझते हैं हम,
इंसान के घर में, दिल में, सबके थे खुदा पहले,

नाजो-अदा,..... अदा, नखरे
हुश्नो-जमाल ... सुन्दरता

ये बेशर्म आईना कुछ नया तो दिखाए,
एक ही शक्ल कब तलक देखी जाए,
आईना बदल ले या शक्ल, क्या कीजिए,
बदलती दुनिया में हम भी बदल जाएँ,
अब मुखौटों की कीमत बहुत बढ़ रही है,
'प्रेम' कशमश में हैं कब, कौन सा लगाए,
पहचान बनती नहीं भीड़ में फिर क्या,
अलख अपनी जाकर कहाँ पर जगाए,
ये सबको गुमां है, वही हैं सबसे अव्वल,
किस किस को जाकर के आईना दिखाए,

तुझमें है खुदा, तुझी में ना ख़ुदा भी है,
तू ही मुझमें और तू ही तो जुदा भी है,
तुझ से कायनात है, ये धरती है आसमां,
सब फैसले तेरे हैं तू ही फ़लसफा भी है,
तू इबादत भी, तू ही जुस्तजू भी है मेरी,
नियाज़ो-नाज़ की लज़्ज़त तू ही अना भी है,
एहतिमामे-खुसूसी की ज़िम्मेदारी तेरी है सब,
'प्रेम' बज़्म में तू ही रिन्द है, तू ही पारसा भी है,
सब कहते तेरे बन्दे हैं, रब कहते हैं तूझे सब,
कैसे-कैसे बसर हुई क्या तूझे कुछ पता भी है,
खुश-आमदीद में तेरे ही गुज़र रही मेरी मौला,
मुझ में तू खुदा-शनास भी, मेरा हौसला भी है,

फलसफा... दर्शन
नियाजो-नाज़... गर्व, अभिमान
एहतिमामे-खुसूसी... खाश इन्तिजाम,
पारसा... सज्जन पुरुष, शरीफ इंसान
खुश-आमदीद... स्वागत
खुदा-शनास..... खुदा को पहचानने वाला

यक़ीन होता नहीं है हर बार इक से फसाने पर,
हर बार तीर तुक्का नहीं लगता सही निशाने पर,
अब पता क्या पूछना, मय से जाके मयखाने पर,
रिन्द है, रिन्द रहेगा, मिलेगा अपने ठीकाने पर,
मदारी करतब दिखाने पर ही मदारी जाना जाए,
लौ को भी लौ लोग मानते हैं, सिर्फ जलाने पर,
जहां तक हो सके रिश्तों मे कोई आंच ना आने दे,
कोई गांठ पड़ ही जाती है धागों के टूट जाने पर,
हम ही से सब तरानों ने मचलना सिखा है यूं तो,
'प्रेम' अच्छा नहीं तो क्यूं दोष धरते हैं जमाने पर,

फिर ज़माने को फसाने का हुनर मिल गया है,
जब से हमको सरमायए-मोतवर मिल गया है,
मुख़्तलिफ़ रास्ते ढूँढ कर पहुंचे है यहां तलक,
जूं मुझमें कोई जुर्अते-फनकार मिल गया है,
ज़िंदग़ी तू तो आज भी वैसी ही है पर मुझे,
खुद का, खुद सा, नायब किरदार मिल गया है,
भटकने का वक्त होता है, खूब भटका मैं भी,
मुझसा, मुझमें, मुझे कोई सरदार मिल गया है,
सभी गुनाहों की इन्तहा हो चुकी है शायद अब,
मुझे, मुझमें, मुझसा कोई सजावार मिल गया है,

सरमायए-मोतवर......भरोसे की पूंजी
जुर्अते फ़नकार....कलाकार का साहस

मेरे कत्ल को उसने कहा, वो मेरी खुदखुशी थी,
मुजरिम की अदालत थी, उसी की मुंसिफ़ी थी,
उसके दामन पर ना, लग जाए कोई दाग 'प्रेम',
इल्ज़ाम सर लेके मर जाना, भी मेरी खुशी थी,
क्यों ज़माने को पता चलने देते बीमार दिल का,
हंसते-हंसते रो लिए ऐ दिल की शिगुफ्तगी थी,
राहजनों ने राह में मिल-जुल के लुटा तो क्या,
इंसान होना इंसान की ही एहसासे-कमतरी थी,
लुट गया कारवां अपना मेहरबां समझे थे जिन्हें,
वो ही घर को जलाए, हाथ में जिनके रौशनी थी,

शिगुफ्तगी..... हर्षोल्लास
एहसासे-कमतरी..... हीन भावना

वक्त के अपने नकाब होते हैं,
फूल खिलते हैं शबाब होते हैं,
मंज़िलें उनके ही कदम चुमेगी,
जिनके आंखों में ख़्वाब होते हैं,
मां-पिता की उमर पे मत जाना,
सब कुंजियों की किताब होते हैं,
हाथ मे हीरे, कोई, बगैर हाथों के,
ज़िंदग़ी के अपने हिसाब होते हैं,
रंक राजा से जीत जाता है यहां,
किस्मत के अपने जबाब होते हैं,
दिल के रिश्ते ज़मी-आसमां से हैं,
आफ़ताब के भी माहताब होते हैं,

शोहरत की ज़िंदग़ी भी कहीं गुम है क्या,
मेहरबां सोहबत का शौक ही कम है क्या,
सहुलियतें बारे-गरां होती जा रही, ज़िंदग़ी,
ऊपर से तेरी करम-फ़रमाईयां कम हैं क्या,
सुकून-ए-हयात की तलाश मुझे भी, तुम्हें भी,
अजाब की वजहात मैं और तू कम हैं क्या,
कहां चले हैं ढूँढने खुशियों के जखीरे हम,
आसपास ही वरकते-हयात कम है क्या,
यही कही मिलेगा ज़िंदग़ी तेरा हर फलसफा,
'प्रेम' कुदरत की हर शै कायनात कम है क्या,

बारे-गरां... भारी बोझ
करम फ़रमाईयां.. मेहरबानी
सुकून-ए-हयात ......ज़िंदग़ी की शांति

हर तरफ तू ही तू, सोचता हूँ,
आखिर कौन सा ज़हान है मेरा,
मुझे दिल में सम्भाल के रख ले,
मैं और बस, थोड़ा सामान है मेरा,
मैं खालिस पत्थर से नहीं टूटा हूँ,
'प्रेम' शीशे से बना मकान है मेरा,
धूप, बरसात, आंधी से क्यूँ मैं डरूं,
सर पे छोटा सा आसमान है मेरा,
बरकतें तेरी नेमत हैं शुक्रिया मौला,
इक बचा हुआ बस ईमान है मेरा,

उसके अहसान कैसे चुकाए कोई,
वो खुदा है, उसे कैसे बताए कोई,
तरतीब सारी लगा कर के देखली,
आग पानी में, कैसे लगाए कोई,
बुझ चुकी हैं उम्मीद की रौशनी,
राख में आग कैसे जलाए कोई,
साथ जिनके ज़िंदग़ी गुज़ार दी है,
और कैसे उन्हें आज़माए कोई,
ख़ातिर ताउम्र जीते जी मर गए 'प्रेम'
ये उन्हें भी तो जाके बताए कोई,
हकीकत झूठ सब सामने आएंगे,
अब दिन को रात कैसे बताए कोई,

वक्त तो लगता है बनी बस्तियां जलाने में,
बदन का खून जला था जिन्हें बनाने में,
वो अपने आप में ख़ुदा की नियामत बने,
हमने सदियां गुजार दी एक ख़ुदा मनाने में,
मेरे मयार को इतना मुकाम बख्श देना मौला,
मैं ज़मी पे रहूँ, आसमां को ज़मी से उठाने में,
कुछ घड़ी की ज़िंदग़ी है सुना है मैंने धड़कनों,
इक लम्हा ही काफी है बनी हस्तियां मिटाने में,
हम भी जज्बात दिल मे रख चलते हैं सफर में,
मुसाफिर छूट गये कितने, बात इतनी बताने में,

हर्फ़-ए-तसल्ली, जब्र-ए-मुसलसल, हां पे हां किस लिए,
जो किया नहीं, जो हुआ नहीं, वो गुनाह किस लिए,
ये अहबाब किस दिन के लिए सम्भाले हुए थे यार,
काम आते नहीं, बनाए थे, हमने पनाह किसलिए,
क्या काम आई वक्त पे हासिल-ए हयात तुझे ए 'प्रेम'
जंमी जर के जखीरे जमाने से मुलाकात किसलिए
मयसर नहीं काबा में भी शकूने-दिल को खाश,
बांटता रहा दो-ज़ख में फिर खैरात किसलिए,
साकी ने फिर पिलाई वही बरसों पुरानी शराब,
नशा कहाँ हुआ, आखिर गुजारी रात किसलिए,

हर्फ़-ए- तसल्ली..... तसल्ली के बोल,
ज़ब्र-ए-मुसलसल.... निरन्तर अत्याचार
हासिल-ए-हयात......ज़िंदग़ी की उपलब्धि

मेरे रस्ते के जो पत्थर हटाए जा रहे हैं,
नुकिले हो ऐसे कांटे बिछाए जा रहे हैं,
इस्तकबाल उन्हीं का करना होगा मुझको,
कत्ल करने जो मुझे मेरे हिजरे में आ रहे हैं,
बेपनाह मुहब्बत करता हूँ मैं जिनसे ऐ 'प्रेम',
कायदे प्यारे करने के वो मुझे सिखा रहे हैं,
हम-सा ही ग़ज़लख्वा अहले महफिल में ढूंढों,
हर गाने वालों को क्यों ये मौशकी सिखा रहे हैं,
खुलूस-ए-इश्क सबके बस की बात नहीं है प्यारे,
दरिया-ए-दलदल में चलना किसे सिखा रहे हैं,

वो हमसे पूछ रहे हैं ये मफ़्हूम शराफत कैसी,
खुद में ही रह प्यारे, इसमे इतनी आफत कैसी,
जमीर बिक चुके हैं, और पैरहन में पर्दादारी है,
लुटे हुए लिबास में फिर शिकन, ये हैरत कैसी,
बाजार बनके जो बैठे है सरे-कूचों मे खुले आम,
उनको इज़्ज़त की पड़ी फ़िक्र, उनकी गैरत कैसी,
शैख आईना तुझको भी दिखाएँगे किसी रोज़,
जन्नत मे, दोजख़ में मांगे है आगोशे-मुहब्बत कैसी,
पल में मिट जाती है हस्ती मशहूर अफ़सानों की,
खोखली हर शान, क्या है, फिर ये हैसियत कैसी,

मफ़्हूमे-शराफत.......सज्जनता का अर्थ

जिसे पढ़कर वो आगे बढ़े हैं, हम वही किताब थे,
जिनसे हकीकत वावस्ता रही है, वो ही ख़्वाब थे,
मुक्तसर सी ज़िंदग़ी में थे लाखों फसानें रास्तों पे,
शादाबियों के मौसम जहां, वहीं पे सब अजाब थे,
ज़र, ज़मीं जब हुई, ज़िंदग़ी फिर ज़िंदग़ी कहाँ थी,
कुछ लेके, कुछ देती है ज़िंदग़ी तेरे क्या हिसाब थे,
कागज की कश्ती, रात को चांद तकते छतों पर,
तख्तियों पर लिखे किस्से, कितने लाजबाव थे,
सौंधी खुश्बू, मिट्टी के बर्तन, वो पनघट का पानी,
धूल से सने चेहरे, सिगाढ़े, धूले कीचड़ मे शबाब थे,
तपती धूप, बारिशों में भीगना, सर्द मौसम का मजा
शहतूत, जामुन, आम तोड़ लाना 'प्रेम' इंतिख़ाब थे

जिसको मैं जानता हूँ वो किरदार कौन है,
सब एक से है बज़्म में तो सरदार कौन है,
वतन के वास्ते सभी ने मर-मिटना चाह है,
ज़रूरत पड़ी है, अब देखना तैयार कौन है,
खुद के बनाए पुल से कभी खुद नहीं गये,
लापरवाह कौन है, यहां होशियार कौन है,
रेल दुर्घटना के बाद लाशों को लादा गया,
प्रशासन स्वस्थ है 'प्रेम' तो बीमार कौन है,
आधुनिक सुविधाओं से सब धन-धान्य है,
तीसरी दुनिया कहाँ है फिर लाचार कौन है,

हसरत हो, साकी हो, मयकश हो, मयखाना ना हो,
आसीरों ख्वाबों का शहर इतना भी विराना ना हो,
दमंग हैसियत के रंग बिखरे हों हर कूचों में हर-सू,
अपना ज़िक्र महफ़िल जब भी हो शरीफ़ाना ना हो
आप शौक से जाईए आईए बज्म में इस्तकबाल है
यूं कद्रदानों मुह ना फेरों, जैसे हमें पहचाना ना हो
उम्रभर साथ चला था के अब पहचानता नहीं है,
खुदगर्ज़ हो तो हो, इतना तो मगर बेगाना ना हो,
नाशुक्रो के लिए घर को जला रोशनी की राहों में
'प्रेम' इस दर्जा भी कोई इस जहान में दीवाना ना हो

आसीरों..... कैदियों

देखना सीख जाएगा वो भी खुदकुशी करना,
कहा उस्ताद, सिखा दो मुझे भी शाइरी करना,
अपने किरदार में रहकर उसके जैसा दिखना,
कितना आसान काम होता है मुखबिरी करना,
सच को सच कह के आज में ज़माने बचे रहना,
इक सजा है इस दौर में इंसाफे मुन्सिफी करना,
निशाने पे ज़माने के आ गया है 'प्रेम' तू भी तब से,
गुनाह है जागरण और अन्धेरों में रौशनी करना,
मौसम हुआ करते हैं, शादाबियां भी अनमोल हैं,
अजाब हर-सू, आज मुश्किल है शिगुफ्तगी करना,

कमज़र्फ़ ज़माने की नज़रों ने कहाँ जाना मुझको,
अज़ीज़ों ने भी तो बरसों से कहाँ पहचाना मुझको
कत्ल के बाद शिनाख्त में बहुत अज़ीज़ आए हैं,
जीते जी 'मैं' भी हूँ, ये भी कोई कहाँ माना मुझको,
अज़्म मेरे भी बहुत थे, जज़्बे मुझको भी आते होगे
हर-सू मोलता-तोलता ही रहा है ये जमाना मुझको
हां पे हां मिलाता तो पा जाता ये सारी दुनिया को,
तलवे चाटने के हुनर बिल्कुल ना सिखाना मुझको
ज़ुबान दे के मुकरना नहीं सिखा ना ज़मीर बेचा है
बात बात पे नहीं आया बनाना कोई बहाना मुझको

कमज़र्फ ...... ओछे
अज़्म.........इरादे

दलदल में फंसा हूँ आंखों में उतरना किसे कहते हैं
ज़र्रा ज़र्रा सा जुड़ा हूँ, और बिखरना किसे कहते हैं
तुझसे वावस्ता है सभी सफर सभी मंज़िलें अपनी
तूझसे हर रंग, खुशबू और निखरना किसे कहते हैं
तन, मन की लौ तूझी से, तू ही तो इबादत है मेरी,
माथे पे भ-भूत राख और संवरना किसे कहते है,
तिलिस्म में कैद ज़िंदग़ी का हर, राग, द्वेष हर-सू,
दोज़ख़, जन्नत से रोज़ और गुज़रना किसे कहते है
काम, क्रोध, विलविलाती कामनाऐं, अनन्त कथा
ज़र, ज़मीं के लिए और विफरना किसे कहते है
ज़ुल्म सहते रहना और दुहाई देना जब्र बढ़ रहा,
'प्रेम' जीते जी बेगैरत और मरना किसे कहते है,

जो मांगते हैं ऐश, उन्हें ऐशो-आराम दे,
मैं सफर में हूँ कबसे, मुझे कोई ईनाम दे,
मैं किसी से तनक़ीद कोई करता नहीं हूँ,
हैसियत जितनी मेरी, उतना मुझे काम दे,
तकदीर से ज़्यादा कहां मिला किसी को,
जिसके करम जैसे, उसे वैसा ही अज़ाम दे,
हद ख़त्म तो, क्यूं बेहदी का ऐ सिलसिला,
'प्रेम' जुर्म और जब्र को अब कोई लगाम दे,
मैं तेरे जैसा तो बिल्कुल नहीं मौला मगर,
जीवन संवर जाए, अपना सा कोई नाम दे,
सब कुछ मेरी मेहनत से बदल जाए खुदा,
मेरी इबादत को ऐसी ग़र्दिशे-अय्याम दे,

गर्दिशे-अय्याम...... समय चक्र

वक्त हर वक्त चलता रहे तो अच्छा है
वक्त हर वक्त बदलता रहे तो अच्छा है,
अपनी परछाईयों का भी ख़्याल रखिये,
शाम ढलने पे निखरता रहे तो अच्छा है,
वक्त किसी का सगा नहीं होता लेकिन,
दीया तूफान में भी जलता रहे तो अच्छा है,
रात होती है हर सुबह के बाद यक़ीनन,
सूरज भी रोज निकलता रहे तो अच्छा है,
खुदगर्जी से बर्फ जम रही है दिल के रिश्तों में,
'प्रेम' निस्बतों से दिल पिघलता रहे तो अच्छा है

सच बोलना गुनाह हुआ, अब ये भी कमाल है,
और कोई झूठ छुपाए तो, तो क्या ये सवाल है,
सच झूठ की लड़ाई कभी नहीं जीतोगे 'प्रेम' तुम,
सच एक ही होता है झूठ के कितने विशाल हैं,
सच की दुकान खाली, झूठ के सजे बाजार हर-सू है,
झूठ की सरपरस्ती है सच का यहां जीना मुहाल है,
कीमत चुकानी पड़ती है सच को हर मुकाम पर,
झूठ का बोलबाला है, यहां झूठ बनता मिसाल है,
बार-बार बोलिए झूठ सच से ज्यादा चमक जाए,
सच खमोश रहता है, झूठ के सुन्दर से जाल है,

मुख़्तसर सा ख़्वाब जो तूने छोड़ा है मेरे पास,
करले वो भी हिसाब, वक्त थोड़ा है मेरे पास,
कायदे से मैं कभी झुकता ना था मगर वक्त है ये,
सरमाया ले जा, अरसों से जो जोड़ा है मेरे पास,
नज़ीर पेश करके कोई गुरबत से ना मर जाए 'प्रेम'
बख़्शा है जो रब ने तूझे, क्या थोड़ा है मेरे पास?
जो भी हुआ है वो मेरा अपना वकार, अपना मौजू
दिलों-दिमाग का इक अपना जोड़ा है मेरे पास,
ग़ज़लख्वां ना समझ पर मैं दिल की सभी जानूं,
कतरा सम्भाले रखा है जो तूने तोड़ा, है मेरे पास

किसी के जद में नहीं हैं, किसी का इंतिखाब हैं,
कहीं जरा से भी नहीं हैं, कहीं हम बेहिसाब हैं,
जले तो राह दिखलाने की खातिर मिट गये फिर,
किसी दीये की रौशनी है, किसी का आफ़ताब हैं,
मुख्तलिफ़ सा किरदार रखते हैं रंगमंच कोई हो,
मुश्किल से सवालों का 'प्रेम' सरल सा जबाब हैं,
हमसा नहीं ढूंढो, कोई हमसा नहीं मिलने वाला,
हमें वकार भी लज्जत सी, रंगत भी लाजबाव हैं,

मैं रास्ते के पत्थरों को हटाना चाहता हूँ,
पत्थरों के लिए भी घर बनाना चाहता हूँ,
आईना जो लिए फिरते हैं महफ़िलों में,
मैं उन्हें भी आईना दिखाना चाहता हूँ,
चलते-चलते रह गए जो रास्तों पर ही,
मंजिल उन्हें याद करती हैं बताना चाहता हूँ,
गुरबतों का दौर भी कितना हसीं था प्यारों,
मौज-मस्ती को इतना जताना चाहता हूँ,
मेरी खातिर जो हरदम पसीनों से नहाया था,
उसकी शिद्दत के आगे सर झुकाना चाहता हूँ,
मां-बाप की सूरत में रब और ख़ुदा मिलें,
उनके कदमों को ही मैं तीरथ बनाना चाहता हूँ,

इस शहर में सबसे मिले, चल कहीं दूर निकल जाए,
अजनबी थे क्या बात थी, चलो हम भी बदल जाए,
बदल जाना भी हुनरमंदों की शिद्दतों में शुमार रहता,
हवा के झोंकों से जैसे नादान दिले-रंगत बहल जाए,
पतझड़ में गिरे पत्ते, कटी पतंग का क्या ठिकाना रहे,
कहां ठहरे बहती हवा में, पत्तों का क्या कब जल जाए,
मौसम बदल रहे, फितरत बदल रही, तेवर क्यूं ना बदलें,
'प्रेम' बदलती फ़िज़ा में फिर क्यूं हर रंग ना बदल जाए,

कर तो ले गुरबतों में भी गुजारा कोई,
ना आया महलों से मिलने दुबारा कोई,
आंखें तकती रही ताउम्र ना जाने किसको,
अब इन्तहा हो गई देखे हुए नाजारा कोई,
कोई कमज़र्फ यहां हमसे बुरा भी है क्या,
खुद से रूठा हुआ रहता है हमारा कोई,
मोज़े कश्ती को अपने साथ ले गई थी खुद,
भंवर से दिखता नहीं है, अब किनारा कोई,
दर्द की आंच समझ में नहीं आती सबको,
जब तलक दर्द बुला ले ना तुम्हारा कोई,

वो अगर बुत है तो उसे और संवारा जाए,
चांद कहते हो, उसे ज़मीन पे उतारा जाए,
दीद सबने किये सबने दुआएं मांगी होगी,
उसकी चौखट पे तो ईमान ना हारा जाए,
सख्त पहरा है किसी फूल के खिल जाने पे,
मुन्सिफों याद रहे, कोई बेगुनाह ना मारा जाए,
जंग जारी है सदियों से मज़लूम-आसीरों की,
कुर्बान अखाड़े में कोई बराबर का उतारा जाए,
सियासत ही लड़ाती है अपने भाई और धर्मों को
फूट डालने वालों के मक़शद को ना पाला जाए,

मैं गर मैं नहीं हूँ, तो मेरा खुद से सवाल है,
मैं गर कुछ नहीं हूँ, वो मेरी कैसे मिसाल है,
मेरा नहीं है वो किसी का नहीं है वो ये माना,
निश्बतों के शहर में वो फिर किसका विसाल है,
दरमियान नहीं है फिर भी वो शामिल हैं सफर में,
'प्रेम' ना होकर भी तू करता रहता कमाल है,
चांद हो, सूरज हो, तपती धूप में बरसात होती रहे,
ऐसा अतरंगी सा, उम्दा सा, ये किसका ख्याल है,
पत्थरों के शहर में फूलों की मंडी सजी रहे हर-सू,
ग़ज़लख्वां की ऐ आरज़ू है दिल बड़ा बेमिसाल है,

खिंच लेते हैं मेरी तस्वीर जहां दिल चाहे,
कोई लेता ही नहीं है कभी इजाजत मेरी,
मुस्कुराने की अदाकारी भी कब तलक करें,
'प्रेम' छुटती ही नहीं ऐ अदा, ऐ आदत मेरी,
मुझको मुझसे ही मिलाने के लिए आए हैं वो,
मुझे रास नहीं आती हैं इस दर्जा इबादत मेरी,
दोस्तों और दुश्मनों से बच के रहता हूँ अक्सर,
फायदा दे जाती है उन्हें, अक्सर शराफ़त मेरी,
जी हजूरी नहीं सीखे, ना संस्थान, ना संस्कारों से,
'क्यूं' और 'कैसे' सवालों ने बढ़ाई है आफत मेरी,

बुजुर्गों से दस्तार लेके चला हूँ,
मां-बाप से प्यार लेके चला हूँ,
बहनें हाथों में बांध जाती हैं धागे,
सफर की रफ्तार लेके चला हूँ,
ज़िंदग़ी के बहुत रास्ते अब भी गुम है,
साथ गुरुजनों का सत्कार लेके चला हूँ,
सफर में कोई साथ दे के ना दे हमारा,
दिल में सब त्योहार साथ लेके चला हूँ,
आया अकेला जाना भी है अकेला 'प्रेम',
काफ़िला बना, साथ संसार लेके चला हूँ,

दस्तार..... आशीष, आशीर्वाद

अपनी सहुलियत से अपनी बात रखते हैं,
नफा-नुकसान देख के ताल्लुकात रखते हैं,
बदलते दौर में इंसान भी बदला हुआ सा है,
खेलना हो दिल से तो दिल में जज़्बात रखते हैं,
छींटाकसी का फैशन महफ़िलों में आम हो गया,
हैसियत से ऊपर सभी नकली औकात रखते हैं,
दिलों में नफ़रत मुंह पर बड़ी-बड़ी बातों के चर्चे,
कुफ्र बख्शने वाले, जुबां पे नूर-ए हयात रखते हैं,
दिल लगाने के लिए खुशियां नहीं मिलती ये माना,
'प्रेम' वक्त पे काम आ जाए गमों को साथ रखते हैं

मेरा दयार है उसमे सिमट के रहता हूँ,
मेरा मयार है उससे लिपट के रहता हूँ,
कोई पूछे तो ज़िंदग़ी क्या है आखिर,
दिले करार है, खुद पे मिट के रहता हूँ,
किसलिए दरबदर भटकते हैं लोग यहां,
दिले दरबार है, उसमें मटक के रहता हूँ,
ख्याल पुराने सही दिल को अज़ीज़ लगे,
शेरवानी के कल्फ को झटक के रहता हूँ,
अज़ाब मेरा घर जल्द छोड़ जाते हैं यूंही,
ये मेरा वकार है सबसे निपट के रहता हूँ,
वाक़िफ तो सारी गलियों से हूँ शहर की
'प्रेम' मन की मौज़ है, भटक के रहता हूँ,

समन्दर से खंगालो तो माणिक मोती निकलते हैं
गुरुकुल से सब जिज्ञासु कहां काबिल निकलते हैं
सिकंदर भी अकेला था सफर में आखिरी क्षण में,
ज़र, जोरू, ज़मीं भी साथ आखिर कहां चलते हैं,
थाम लो वक्त रहते इच्छाओं को ये अनन्त होती हैं
कुछ इच्छाऐं श्मशान में भी साथ-साथ जलते हैं,
जूनून ऐसा दिलों में पालकर यहां चलते रहो हरदम
पत्थर की शिलाओं को मजबूर करो वो पिघलते हैं
शिद्दत से कोशिश करो तो क्या नहीं मुमकिन यहां
पानी पे लोग चलते हैं लोहे के यहां जाहज उठते हैं

मत उठाओ कोई आवाज़ यहां कोई रोया है हज़ूर,
खामोशियों का है राज़, यहां कोई सोया है हज़ूर,
बस्तियां जलती है तो जलने दो, राख की कीमत है
'प्रेम' सियासत ने सपना मील का संजोया है हज़ूर
नफ़रत के कोंपलों से पेड़ बबूल के बड़े और होंगे
अभी तो बीज बस दिलों में आपके बोया है हज़ूर
सुकून किसे है, कौन यहां चैन की सांसों में जीता है
सुर्ख़ियां अखबार की देख यहां कौन सोया है हज़ूर
किरदार सब के पाक हैं, इरादे भी नेक है लेकिन,
दामन पे लगा दाग किसी ने कहां धोया है हज़ूर,

जमीं उसकी, आसमां उसका, तेरा कुछ नहीं है,
जिस वजह से मुझे चाहते हो वो, मेरा कुछ नहीं है,
बुलबुलों के घरौंदों में बसर पलभर का ठिकाना है,
मुसाफ़ीर हूँ, सफ़र में बाकी सामां मेरा कुछ नहीं है
बोझ जितने थे कांधे से उतारे जा रहा हूँ प्रेम सारे,
बोझ भवसागर की कश्ती का मेरा कुछ नहीं है
निभाए जब तलक जो बन पड़ा, जो मुनासिक था,
तृष्णा के कमंडल में अब बचा मेरा कुछ नहीं है,
मिल लिए सबसे, सभी को पहचानते हैं करीने से,
कोई लेना, कोई देना, बकाया मेरा कुछ नहीं है,

माहौल बनाए रखना था,
खुद को भी तो परखना था,
रफ़्तार ज़िंदग़ी की तेज़ थी,
कदमों को कहीं तो थकना था,
गुज़ारिश जाके किससे करते,
शिकस्ता ज़िंदग़ी चली गई बस,
पड़ाव ये भी तो मालूम ना मुझको,
कारवां को कहीं तो रूकना था,
किस लिए जोड़ते रहते हैं हम लोग
फिर जोड़ के तोड़ते रहते हैं हम लोग,
सजाए थे गुल क्यूं गुलिस्तां में फिर,
गुलों को जब इक रोज़ बिकना था,
दर्द महसूस भी तो किया कीजिए,
ऐसे अफसोस नहीं किया जाता,
दिल में जो अहसास हुआ करते हैं,
बयां चेहरे को भी तो वो करना था,
ज़िंदग़ी तूझसे क्यूं शिकायत करूं
तुझे मुझसे कितनी शिकायत रही हैं,
जीते जी क्या नहीं दिखाया तुमने,
अहसासों को एक दिन तो मरना था,

उसको इस कदर भी ना निहारा जाए,
जहां भी है उसे ज़मीं पे उतारा जाए,
सारी दौलत सारी शोहरत उसे दे दी जाए,
ये ध्यान रहे बस हिस्सा ना हमारा जाए,
चांद कहते हो जिसे उसको संवारना क्यूं,
गुरबत के दौर में उसे और संवारा जाए?
बस्तियां नबाबों की ढंग से जांच लें लेकिन,
ख्याल रहे फेहरिस्त में गरीब ना मारा जाए,
चंद घड़ियों के लिए दीदार ही कर लेता है,
राहजन का गुज़ारा, इसमें क्या तुम्हारा जाए,
ज़ुल्म रुक जाएंगे दहशत भी खत्म हो जाए,
कोई हुक्म आकाओं का, कोई तो इशारा जाए,
हम भी अब कश्ती से किसी रोज़ उतर जाएंगे,
कोई वाजिब सी मौज आए कोई किनारा आए,

हमें उसने जो दिखाए थे, बनाए थे रास्ते,
चलना भी मुनासिब कहां उसके रास्ते,
हम खुद के लिए जी नहीं पाते कुछ घड़ी,
उसने ज़िंदग़ी गुजार दी सच्चाई के वास्ते,
जो जुर्म के आगे नहीं झुकते किसी भी हाल,
नाम दुनिया उन्हीं के नाम से रखते हैं रास्ते,
कुर्बान आधी ज़िंदग़ी कारागार में कट गई,
इन्साफ की डगर कंटीली मुश्किल है रास्ते,
धरती आकाश पे तो चल लेते हो तुम अक्सर,
आसान नहीं होता है चलना समन्दर के रास्ते,

मणिपुर....

आज क्या शर्मसार है कोई,
आज क्या सरकार है कोई,
अपनी बेटियों को ऐसे देखने,
देशवासियों तुम्हें मलाल है कोई,
गंदी राजनीति छोड़ो देश प्रथम,
इंसान को भी अधिकार है कोई,
क्यूं बेबस है व्यवस्था आखिर,
त्रासदी का इन्तज़ार है कोई,
मौन क्यूं लेखनी है, लिखने वालों,
क्या कलम का भी व्यापार है कोई,
दुश्शासन को क्यूं कोसते हो फिर,
आज पांडव क्यूंकर लाचार है कोई,
वोट ही सबसे ऊपर है आजकल,
खोजों हमारे बीच में ही गद्दार है कोई,
अमन की बात करने वालों कहां सो गए,
विक्षप्त हुई महिलाओं की आवाज़ है कोई,
'प्रेम' शर्मसार हुआ जा रहा हूँ किसे कोसूं,
बचाओ, आसमां पे भी परवरदिगार है कोई,

किस बात का आखिर गिला है उसे
और मेरे जैसा क्या नहीं मिला है उसे,
वो वकार कहां से लाएगा खरीद करके,
जर जमीं, तो विरासत में मिला है उसे,
उसके घर भीड़ देख खुश भी मत होना,
दरअसल देखना कोई काफ़िला है उसे,
लुट जाए, मिट जाए, कोई शिकवा ना करें,
'प्रेम' कहां मेरे जैसा कोई मिला है उसे,
वो किसी से वफ़ा कर ही नहीं सकता कभी,
'मैं' 'मेरा' हूँ मैं सबसे बड़ा का फासला है उसे,

मैं कौन हूँ, खुद को बता भी नहीं सकता,
हकीकत हूँ, खुद से छुपा भी नहीं सकता,
मेरे जैसा कोई ढूंढो गर मिल जाए तो यारों,
आईना भी मुझे मुझसा दिखा भी नहीं सकता,
कुछ खत सम्भाल रखे हैं कुछ बावस्ता हैं यादें,
'प्रेम' गुरबतों के दौर में वो जला भी नहीं सकता,
जो खो गया है उसको कहां ढूंढने जाए बताओ,
गुजरा हुआ वो दौर लौट के आ भी नहीं सकता,
हर इक कतरा ज़िंदग़ी तूझे मशक्कत से दिया है,
मैं खुदगर्ज नहीं हूँ, ये तूझे जता भी नहीं सकता,

वो जब गया महफ़िल से तो कुछ भी कहा नहीं,
'प्रेम' वो भी वो नहीं रहा, मैं भी अब वो रहा नहीं,
कोई टूट जाएगा, किसी का कुछ नहीं जाएगा,
उन तन्हाइयों के खौफ से वो बिल्कुल डरा नहीं,
कुछ भी ना था वो, मगर कुछ तो कर ही गया है,
दफ़ना के आ गए हैं, जिसे, वो दिल में मरा नहीं,
जो ज़ख्म ठीक हो गए, उन्हें अब कुरेदने से क्या,
मरहम उन्हें लगाइए, अभी ज़ख्म जो भरा नहीं,
अकेले में खुद से मिलके बसर हो जाती है हमारी,
कोई महफ़िल, हमसफ़र नहीं, कोई काफ़िला नहीं,
ऐ सारा जहान एक तरफ है, तो क्या किया जाए,
है कोई शिकवा नहीं, किसी से कोई गिला नहीं,
दुनिया पड़ी है आखिर क्यूं किसी को कोसना प्यारे
सफ़र है रास्ता है, मगर बचा अब कोई हौसला नहीं

खुद से मिलना यहां आसान कहां होता है,
जी लें मनमर्जी से ये अरमान कहां होता है,
ज़िंदग़ी रोज़ नये रास्ते से चलती है मगर,
नये हम, नये रास्ते हैं ये गुमान कहां होता है,
हम मुसाफिर है, कई घाटों को लांघ आए हैं,
मिलने वाला हर कोई इंसान कहां होता है,
ज़र ज़मीं होती है, शानो-शौकत भी बहुत सारी,
चौखटे-ए-मन्दिर-मस्जिद में ईमान कहां होता है,
मैं गया था सन्मदर के बहुत बीच मगर देखा है,
आसमानी रंग है, कोई आसमान कहां होता है,

ये अच्छा है वो नफ़रत बो रहा है,
भ्रम बाकी था, जो वो खो रहा है,
जल रहा है देश का हिस्सा वो, बेसुध,
ना जाने वो किस जहां में सो रहा है,
काटेगा इक दिन वो फसल कैक्टस की,
बताकर फूल के बदले जो कांटे बो रहा है,
सियासत के लिए आवाम को बख्शा जाए,
जहान में वतन अपना बदनाम हो रहा है,
मुहब्बत से सभी जंग जीत सकते हैं मगर,
छोटे स्वार्थ के लिए 'वीभत्स' कृत्य हो रहा है,
चौसर बिछाई जा रही है शतरंज की फिर से,
भारत के अन्दर फिर नया महाभारत हो रहा है,
धर्म जात की सियासत से ऊपर इंसानियत हैं,
समाज के पढ़ो-लिखो जागो! ये क्या हो रहा है,

जब ग़म हों तो मुस्कुरा दिया कीजिए,
मुश्किलें रकीबों की बढ़ा दिया कीजिए,
दो घड़ी भर का रास्ता है ये सफर प्यारे,
खुश रहें सब, बस यही दुआ कीजिए,
फैसले सब उसी के हाथ में हैं सब तो,
इच्छाएं सब उसे ही बता दिया कीजिए,
आपसा और कोई नहीं है इस दुनिया में,
जरा नाज़ खुद पे भी कर लिया कीजिए,
हर कोई क्षण भर के लिए मिलता है यहां,
'प्रेम' क्षण को जीवन्त बना लिया कीजिए,
सफ़र में अन्धेरे रात भर रहेंगे बस साथी,
दिल के दीये राह में जला दिया कीजिए,
हदे-जुर्म बर्दाश्त करना भी गुनाह है मगर,
कभी उसे आईना भी दिखा दिया कीजिए,

ज़िंदग़ी शुक्रिया, शुक्रिया, मेहरबानी तेरी,
रास आ गई तुझको सारी कहानी मेरी,
जो मैं सुना ना सका जुबां से अपने मेरे,
कैसे बयां कर गई उसे सारी बेज़ुबानी तेरी,
गुरबत, मशक्कत, पांव के छाले सरमाया हैं,
यादों के झोले में बची हैं ऐ निशानी मेरी,
किसी रोज़ तूझे भी लिखूंगा ज़िंदग़ी देखना,
अब बहुत रास आएगी तूझे, नादानी मेरी,
अब ज़िंदग़ी कोई भी नहीं मिलने आता है मुझे,
'प्रेम' वक्त था, जब थी ऐ दुनिया दीवानी मेरी,
मैं कभी मेहमां बनूं और तू अपने दर पे बुलाए,
मुझे भी देखनी है शौहरत-ए-मेजबानी तेरी,
लौट के कहाँ आने वाली है जवानी मेरी

वक्त बदला है सबके तेवर बदलने वाले हैं
ठहर जा मुसाफिर के दिन बदलने वाले हैं,
फिज़ा बदल रही है हम भी बदलने वाले हैं
नुमाइश का जमाना है तू भी कोई नुमाइश कर,
रकीबों के सुना है, अब वो पर कुतरने वाले हैं,
सजा हर कोई कुचा, गुच्छे, गुल और गुलाबों से,
सुना है आज ज़मीं पे हमारे रहबर उतरने वाले हैं,
जिन्हें पसन्द नहीं, शौक नहीं, जमाने के नुक्तों से,
प्रेम' खबर है आज वो महफ़िल में संवरने वाले हैं,
जो तनक़ीद करते थे जो तकरीर कर बने कुछ है,
बदलते मौसमों में वो फिर से बिखरने वाले हैं,
दहशत के चर्चे हैं, जिनकी वहसियत की हवा है,
आप देखते जाए उनके जल्द दिन गुजरने वाले हैं,

पत्थर भी नहीं ज़िंदग़ी बिछौना भी नहीं है,
मुश्किल भी नहीं ज़िंदग़ी खिलौना भी नहीं है,
हूँ हर हाल में खुश है तेरा हर करम कबूल मुझे,
हंसता नहीं हूँ अक्सर, तो मुझे रोना भी नहीं है,
ज़िंदग़ी तेरे हर एक रंग में रंगा हूँ मगर क्या करूं,
'प्रेम' तूझे पाना भी मुहाल है तूझे खोना भी नहीं है,
होने को सब है मुझमें ऐ ज़िंदग़ी तेरा सलूक देख,
मैं हूँ यही कहीं मगर, मेरा कुछ होना भी नहीं है,
नफ़रतों के दौर में ये कहां आ गया हूँ पता करो,
मुझे मुहब्बत की ज़मीं पे ये बीज बोना भी नहीं है,

चलो, फिर से हमख्याल हो जाए,
ये क्या, हम भी सवाल हो जाए,
तुम को रास आ गई सारी दुनिया,
चलो हम मिल बेमिसाल हो जाए,
वो परिन्दा एक ही डाल पे बैठा रहा,
टस से मस वो मजाल हो जाए,
जलने से रौशनी मिलेगी किसी को,
'प्रेम' दीये से चल मशाल हो जाए,
दर्द उसका समझ लें तू भी तो फिर,
दर्द-दर्द से मिल के निहाल हो जाए,
खून एक जैसा ही है जब सभी का तो,
बांट के दर्द हम तुम मिसाल हो जाए,
भाई चारा बना रहना चाहिए हर हाल,
ऐसा नफ़रतों के घर में धमाल हो जाए,
वो धर्म-जात पे लड़ाएंगे एक दूजे को,
तुम गले मिलना, ऐ कमाल हो जाए,

वो कह तो गया था खुश रहो,
सबने भी ये ही कहा खुश रहो,
उसको मैं जानता हूँ वो ऐसा नहीं,
अब जैसा भी है कहूँगा खुश रहो,
मैं कभी खुद से नहीं मिल पाया हूँ,
वो पहचानता है मुझे तो खुश रहो,
अभी ज्ज़बात बिकने बाकी हैं तो हैं,
बची खैरात भी नहीं है तो खुश रहो,
कभी गुफ्तगू होती थी बज़्म होती यहां,
कहने को कुछ नहीं बचा, तो खुश रहो,
निस्बतों का भी एक जमाना था 'प्रेम'
अब नफ़रतों से मुहब्बत, तो खुश रहो,

मिल लिए सारी दुनिया को बताने से रह गया,
खुद से खुद को अब भी मिलाने से रह गया,
हम पर तीर हर किस्म के चलाए थे रकीब ने,
उसका हर बार मगर तीर निशाने से रह गया,
मर्जी से चला साथ कोई हवा को देख बह गया,
कोई चाहता नहीं साथ कोई बहाने से रह गया,
हमने भी बसर ज़िंदग़ी ये सोच के कर ली है,
मुआफ किया रब अपने फर्ज़ निभाने से रह गया,
मरहम के लिए किस दर्जा गिरे हैं यहां लोग,
बस इक 'प्रेम' तू ही ज़ख्म दिखाने से रह गया,

ज़िंदग़ी का चौराहा है, सोचता हूँ, किधर जाऊं,
करना फैसला है, कुछ बनना है, या बिखर जाऊं,
हौसलों को अपने साथ लेकर चला था घर से,
समन्दर के बीच हूँ कहो तो बीच में उतर जाऊं,
फलसफा ज़िंदग़ी खुद अपना सिखा दे मुझको,
कशमकश ये है टूटना है, के और निखर जाऊं,
खुद को देखें हुए इक अरसा हुआ कहां गुम हूँ,
'प्रेम' आईना देख के ऐसा ना हो मैं डर जाऊं,
सैर दुनिया की बहुत की ना ठिकाना पसन्द आया,
अब सोचता हूँ के लौट के किस मुंह से घर जाऊं,

थोड़ा सा फ़साना है थोड़ा मरहम है मेरे पास,
खुशियों की शीशियों में कुछ ग़म है मेरे पास,
अकेले ही चला आ रहा हूँ जानिब तेरे ज़िंदग़ी,
कहने को तो हर मोड़ पे हमदम है मेरे पास,
ज़मीं उसकी, आसमां उसका, सांसें दुआ उसकी,
अब तू ही बता ये ज़िंदग़ी यहां क्या है मेरे पास,
चल रही है सांसें ये गनीमत नहीं तो क्या कहे,
हिसाब लगाया जाए तो क्या कम है मेरे पास,
फेरहिस्त बनाने बैठा हूँ क्या खोया क्या पाया है,
सोचता हूँ मुक़द्दर से हर कोई सितम है मेरे पास,
जाना तो सभी को है किसी रोज़ ज़हान से फिर,
बचा रहेगा मेरे बाद भी वो मेरा करम है मेरे पास,

हर कोई मुझसे मिले मैं ज़माना नहीं हूँ,
मेरा ही ज़िक्र हो हर-सू मैं फ़साना नहीं हूँ,
मैं लापता हूँ कब से मुझे तुम ढूंढ रहे हो,
इक हवा हूँ, मकां नहीं मैं ठिकाना नहीं हूँ,
मुकर जाओ कोई तुम्हें कुछ ना कहेगा,
ना मानो सच हूँ, मैं कोई बहाना नहीं हूँ,
निगाहों में हूँ, दिल में रखिए संजो कर के,
प्रेम लगा लें हर कोई मैं वो निशाना नहीं हूँ,
रूह से ढूंढो तो मिल भी जाऊं मैं शायद,
ढूंढता फिरूं किसी को मैं दीवाना नहीं हूँ,
समझो तो दिल में ही बसर करता हूँ हमनफस,
ये समझ का फेर है वरना मैं बेगाना नहीं हूँ,

सभी सुखनवर बन गए, अब अवाम किसे कहें,
मेज़बानी में सब मशगूल हैं एहतराम किसे करें,
कोई सुरा, कोई सुराई, कोई मौशकी के नशे में,
सब नशे में पारसाई के, फिर जाम किसका भरे,
बज़्म में सब अपने मय प्यालों के साथ आए हैं,
समझ नहीं आ रहा हम इन्तेज़ाम किसका करें,
अमन के सभी ठेकेदार हैं अखबार में सुर्खियां,
सुखनवर लिखे तो क्या, अब पैगाम किसे करें,
बस्तियां जलाने वालों को नवाजा गया है 'प्रेम',
अब, समझ में नहीं आ रहा बदनाम किसे करें,

एक दिन ये भी समझाना है खुद को,
वक्त ने कहां लौटके लाना है खुद को,
मैं ज़रा वक्त से पीछे रहा हर सफ़र में,
वक्त से कुछ आगे सरकाना है खुद को,
'प्रेम' नये वक्त में मैं कहां पाता हूँ खुद को
गया वक्त अच्छा था बतलाना है खुद को,
अब नहीं आएँगे फिर से दिन वो सौदाई,
उन दिनों के नाम से बहलाना है खुद को,
ज़ख्म तेरे ज़िंदग़ी महफ़ूज़ रखे हैं जिगर में,
तू कुरेद देती है मुझे सहलाना है खुद को,
हर तरफ से ज़िंदग़ी तेरा दामन बचाता हूँ,
मुक्कदर का सिकंदर जो कहलाना है खुद को,

ऐ मेरी परछाई है, अभी मैं कहां आया हूँ,
तू ही कहता था ना, मैं ही तेरा साया हूँ,
इक तरफ रख दें इस सारी दुनिया को,
'प्रेम' मैं भी मैं कहां हूँ तेरा हम साया हूँ,
देख फूलों की हर-सू महक, गुलों के गुलिस्तां,
मेरी मुस्कान में जरा देख मैं क्या लाया हूँ,
उन्हीं का हो के बसर कर ली ज़िंदग़ी हमने,
जो ऐ कहते थे मैं उनके लिए पराया हूँ,
ज़िंदग़ी को किस के लिए जीया जाए आखिर,
जिसे खून तक दिया उसके बाद मैं पछताया हूँ,
बड़ी मतलब की है ऐ दुनिया समझ में ना आए,
फूलों के शहर में मैं पत्थरों से टकराया हूँ,
बड़ी अजीब सी बस्ती थी तेरे शहर के कूचों में,
उसमें एक अदद दिल का अरमान छोड़ आया हूँ,

हैं आज जितने लोग शिखर पे, वो सफर में नहीं थे,
अब ज़हन से उतर गए वो कभी मेरे जिगर में नहीं थे,
अजीब दास्तां है ज़िंदग़ी जो आज वावस्ता है हमसे,
तमाम राह में वो कही अपने साथ किसी सफर में नहीं थे,
मुद्दतों के बाद जब आई ज़िंदग़ी हमारी दहलीज पे तो,
ताज़ुब की बात ये के उसी रोज हम अपने घर पे नहीं थे,
दूसरों के घर पे आग की लपटे जो गिन रहे थे अपनी छत से,
ये आग उनके घर तक भी आ जाएगी वो इस फिकर में नहीं थे,
सियासत की अफीम चाट के जो इतराए जा रहे हैं आज,
'प्रेम' पहले तो कभी कोई ऐसे खुदगर्ज मेरे शहर मे नहीं थे,
मौत तो आती है इक दिन सभी को कहीं ना कहीं कभी,
ज़ुबानों से घर जल रहे, ये घातक अवसाद किसी जहर में नहीं थे,

जिसे तुम देखना चाहते हो वो भी मैं नहीं हूँ,
जिसे तुम मिलके पछताते हो वो मैं नहीं हूँ,
क्या मैं पत्थर की शिलाओं से बनी कोई मूर्ति हूँ,
जिसे तुम पुजना चाहते हो, मैं वो भी नहीं हूँ,
मैं नदियों से निकलती अविरल पिपासा नहीं हूँ,
जिसे तुम रोक लो कहीं पे, 'प्रेम' मैं वो भी नहीं हूँ,
जिसे तुम गुथलो सरगम की धुन का गीत बनाकर,
जिसे हर कोई साज गा ले गीत मैं वो भी नहीं हूँ,
मैं राघव सा नहीं हूँ, ना मैं माधव सा कहीं से भी,
अन्दर है दोनों पर सच में मैं तो कुछ भी नहीं हूँ,
सफ़र में अब तलक उसको नहीं मिलना हुआ बस,
मुझको लगता है जैसे आख़िर मैं भी मैं नहीं हूँ,

कुछ ना कहना सीख ले पहले,
क्या कहना है भीख ले पहले,
उँगली मत कर हर मसहले में,
आईने में खुद को देख ले पहले,
हर तालाब में मछली नहीं मिलती,
कहां कांटे डालें, सीख ले पहले,
अदालत में होने से कुछ नहीं होगा,
कब मुनासिब होगा तारिख ले पहले,
प्यार, मुहब्बत, जंग में ना हारेगा तू,
'प्रेम' दुश्मन का दिल जीत ले पहले,
कोई साथ नहीं चलता है सफर में,
अकेले चलना है सीख ले पहले,
सब भावों को दिल में भरना है तो,
खुद को अन्दर से रीत ले पहले,

देख ली दुनिया तो सब अफसाने लगे,
मुश्किल है, नामुमकिन है, ए बहाने लगे,
जब तेरी महफ़िल हम भी आ गए, तो,
डर किस बात का, उठके तुम जाने लगे,
जो रक़ीबों में बहुत मशहूर जाने जाते हैं,
रंजो-ग़म का मफ़हूम वो समझाने लगे,
आईना जो देख ना पाए अपने किरदार का,
वो दूसरों की सूरतों पे तकरीर फरमाने लगे,
जिनके साथ राफ्तों में ज़िंदग़ी कर दी बसर,
'प्रेम' अपने वो भी इक रोज़ बेगाने लगे,
जिस धरती को सम्भाल नहीं पाते हैं हम-तुम,
मर-मिटे मतवाले जिसके लिए वो दीवाने लगे,

मफ़हूम..... अर्थ, आशय

लिख रहा हूँ फिर तुम्हें गुजरी दास्तां की तरह,
मंजिल से पहले मिल मुझे मीरे कारवां की तरह,
पैरहन में क्यूं लिपट कर यूं सिमटे बैठे हो हजूर,
कोई पहरा सा है चिलमन पे बांगवा की तरह,
क़फ़स से भी कोई आवाज़ आई तो ए हमनफस,
हम सजा बैठे हैं खुद को नूरे आशियां की तरह,
चले भी आओ हिज्र में तकल्लुफ क्या इजाजत,
लम्स में चले आओ बस नाख्वांदां मेहमां की तरह,
सब की अपनी ही अदा हैं सबका अपना है वजूद,
कौन पेश आता है यहां सादा मेंहरबां की तरह,
याद करने के सलिके भी बहुत है गर चाहों तो,
'प्रेम' हम को याद रखना नाज़े-दोस्तां की तरह,

मीरि_करवां...... कारवां के अमीर,
नाख्वांदां मेहमां...... बिना बुलाए
मेहमान नाज़े-दोस्तां..... गर्व करने लायक दोस्त

मरने से पहले क्यूं ना कोई सरकशी करें,
मरना ही है एक दिन, क्यूँ फिर खुदकुशी करें,
मौसम बदलने वाला है फिर से दोस्ती करें,
ऐसा ना हो फिर बैठ दोनों कोई शायरी करें,
तीरगी मिट जाए तो अच्छा है, सफर में हम,
चल जलाए अपेक्षाओं को नई रौशनी करें,
मतलब परस्त रहबर चुने, हैं खुद में ही गुम,
रहबरी के नाम पे जो खुद की पैरवी करें,
यहां जिन्हें हम समझ रहे हैं रहबराने-कौम,
वो हमारे हक को बेचने की सौदागरी करें,

रहबराने-कौम.....जनता के शुभचिंतक

ये ज़ुल्म कर देती है अफ़सानों से वावस्ता,
हदें तीरगी करा देती है वीरानों से वावस्ता,
तारीफ सभी को कब पसंद आती है हमारी,
दूर रखने चाहिए ज़ख्म नमकदानो से वावस्ता,
राहजन के बदले पासवां पे नज़र रखनी चाहिए,
देखो मेरे हालात गवाही है निगेबानों से वावस्ता,
मुतमुईन लोग मेरी दिले बेकरारी नहीं समझ सके,
दिले-सूकूं मुक्कदर है मेरी परिशानों से वावस्ता,
कब कौन किस जगह से चढ़ा और उतर गया है,
दिले कश्ती रहती तो है वियाबानों से वावस्ता,

रास्ते हैं चौहराए से कहां जाना है देखते हैं चलो,
खुद को आज आज़माना है चलके देखते हैं चलो,
ज़िंदग़ी बसर हुई कफ़स में छोटे आसमां के तले,
खुले अम्बर की आवो-हवा चलके देखते हैं चलो,
तमाशबीन बनके कब तलक बज़्म में बैठा जाए,
कोई करतब करे हाथ में बीन लेके देखते हैं चलो,
हम जिन्हें देखते रहते हैं हर कदम, हर सबब में,
चुपके से उनके दिले नज़र कहा है देखते हैं चलो,
इक रोज़ जन्नत का हाल भी जान लेना चाहिए हमें,
वहां किसको को क्या मिला है चलके देखते हैं चलो,

दूरी सही है, क्यों कर किसी को मुंह लगाए,
'मैं' का जमाना है 'मैं' से क्यूं खुद को जलाए,
शिकस्ता ज़िंदग़ी सब दिखावे में मग्न लोग,
सादग़ी का कोई चलो मिलके कारवां बनाए,
चले उस रास्ते पे जिस पे चल पाए सभी साथ,
वो रस्ते अच्छे नहीं हैं जिन पर कदम डगमगाए,
बांट लो हर ख़ुशी, ग़म के यहां रहना किसे है,
कुछ लम्हे हैं जो मुक्कदर से तुम्हारे हाथ आए,
बहुत ही खूबसूरत है ज़रा सी ज़िंदग़ी ये जो है
सुख-दुख तो हमारे कर्म ही हमारे साथ लाए,
चलो ऐसा करें, जो है उसी को जी ले दिल से,
मंजिल भी वही मिलेगी जिसके है रस्ते बनाए,

आए वो बज़्म में अपने पैमाने नहीं लाए,
रिन्द हैं वो साथ में मयखाने नहीं लाए,
नज़्म उनकी सुनके लगा ही नहीं उनकी है,
ज़िक्र में रदीफ के वो कोई बेगाने नहीं लाए,
आए वो महफ़िल में किसी अनजान की तरह,
बज़्म में गुल कोई दिल को बहलाने नहीं लाए,
हमने भी इन्तज़ार में गुजारे हैं कई अरसे,
सब्र को सरे महफ़िल आज़माने नहीं आए,
उनके पहले उनकी अदावत का जिक्र होता है,
फ़सानों में उनके ज़िक्रे-अफ़साने नहीं आए,

वो कहते हैं हमने तुमसा दीवाना नहीं देखा,
बातों में कह गए उनका निशाना नहीं देखा,
शब्दों के जाल उसने बनाए तो खूबसूरत,
मतलब से सना बेहाल बहाना नहीं देखा,
होती रही बसर सफ़र में कट गई दुनिया,
आंखों ने कई वर्षों अपना ठिकाना नहीं देखा,
अपनों की संगत का असर था के लुट गए हैं,
सच जानिए अपनों में कोई बेगाना नहीं देखा,
यहां पाबन्दियां इतनी थी हवाओं के सर पे भी,
उड़ने के लिए पंख थे, कोई बहाना नहीं देखा,

रब की मेहर रहे यही सबके लिए दुआ करते हैं,
जो उसकी मर्ज़ी होता है, कुछ हम कहां करते हैं,
सांसों का खेल है के हम भी हैं खेल में अब भी,
कुछ कोशिशें है, जिगर से कुछ हौंसला करते हैं,
खोया क्या पाया ज़िंदग़ी तेरे सफर में अब तक,
दर्दे-ज़िंदग़ी का कुछ-कुछ तजज़िया करते हैं,
तारीफ़ महफ़िल में कभी बज़्म में दुश्वारी भी तो,
तेरी ग़ज़ल का नक़दो-नज़र से आशना करते हैं,
अवाम की आवाज़ उठाते हैं तनक़ीद भी होती है,
तकरीर में लेकिन अपना सुखनोफ़र्ज़ अदा करते हैं

तजज़िया .... विश्लेषक
नकदो-नजर.... आलोचना, टीका टिप्पणी

देखने वालों के नज़रों में नज़र क्या है,
चाहने वालों से पूछों के नज़र क्या है,
ख़त तो भेजे हैं बहुत खबर आने दो,
देखना है उनके दिल में असर क्या है,
ज़र ज़मीं सब तो लुटा कर वो गया है,
लुटने को बचा जो एक जिगर क्या है,
क़ाफिया तंग था वर्ना ग़ज़ल कहता वो,
मयखाना छोड़ता वो, एक घर क्या है,
बिक गया सब किसी के काम नहीं आया,
घर को इक मयखाना बनाने कसर क्या है,
रोज़ अब रिन्द ही आते हमदर्दी करने,
'प्रेम' ज़िंदग़ी मय में शामो शहर क्या है

ज़िंदग़ी चाहे कितनी शिखर हो जाए,
पर चोट खाने से ही पुख़्तातर हो जाए,
आदमी तब तलक अधूरा ही है यहां,
मयार उसका जब तक ना शिखर हो जाए,
रहबर तो राह में मिलते रहते हैं मगर,
क्या हो जब रहज़न ही हमसफ़र हो जाए,
बारे-मरहम भी ज़रूरी है जानने के लिए,
इस बहाने तस्कीने-चारागर तो हो जाए,
रब से राफ्ता बना रहे मेरा हरदम, यूं हो,
'प्रेम' वो मेरा साहिबे-नज़र ही हो जाए,

मतलब दुनिया में हर शय है भटकाई हुई,
नेकियों की बस्तियों में रंजे रूसवाई हुई,
बिक रही हैं गली गली में अस्मते तौबा करें,
जूं मुक्कदर ने हर शय हों ठुकराई हुई,
मुंह पे ताले है पड़े और हर कोई खामोश है,
जैसे हर कोई मुजरिम जूं बेड़ियां पहनाई हुई,
लुट ना भी अब है मुश्किल हर कोई चालक है,
पैतरे सब जानते हैं चाल है सब आज़माई हुई,
अब नहीं डरता कोई भी कोस हो या पास हों,
डाकूओं की आवाज भी होती अब भर्राई हुई,

आदमी भी आजकल कोई आदमी नहीं है,
नदी से मिलके आया हूँ, अब नदी भी नहीं है,
गलत का पता करो, यहां गलती में सब सही है,
सही जिन्हें समझे सच में वो भी सही नहीं है,
शहर में ढूंढने चला, भीड़ थी लेकिन कहीं भी,
हिन्दू मिले, मुस्लिम मिले, इंसान कहीं नहीं है,
कोई दिल से कहता है कोई दिमाग से बोलता,
मतलब से बोलने वाला भी, इनमें से ही कहीं है,
वर्षों गुजर गये हम पाषाण हो चले हैं, लेकिन,
'प्रेम' गुजरे हुए वक्त है हम स्वर्णिम सदी नहीं है,

कब तलक रहता है कोई ज़िन्दा, बनी मिसाल रहे,
मेरे अजदाद कह गए थे तू शिखर पे बेमिसाल रहे,
सब मिल गया, सारी दुनिया को देख आया हूँ मगर,
बाबजूद नजरों में दुनिया के बचे हुए कई सवाल रहे,
पर भर का फ़साना है, ये ज़िंदग़ी लम्हों का बहाना है,
नेकी ना कर सके तो चलेगा, पर बदी से बचना ख्याल रहे,
कर जा कुछ खाश के ज़िंदग़ी मुस्कुराएं तुझे याद करें,
कोई कसर ना छोड़ना दिल मे ना बचा कोई भी मलाल रहे,
कर्मों की पूंजी फिर काम आ जाएगी देखना कहीं ना कहीं,
सत कर्मों से भरी झोली जाते हुए यहां से मालामाल रहे,

अजदाद ....पूर्वज, पुरखे

लुट गए आहिस्ता से बचा कुछ इख्तियार में नहीं है
पर ऐसी खबर छपी किसी भी अखबार में नहीं है,
एक दुसरे को लुटने का चलन पुराना हो शायद प्यारे,
अपने अपनों को लुट लेंगे ऐसा किसी करार में नहीं है,
तिजारत और मुहब्बत एक ही दुकान पर बिक रहे हैं
आजकल वफा-बेबफाई रिश्तों के एतबार में नहीं है
नई नस्ल की तीमारदारी का चलन है और नया फैशन है,
सौदेबाजी से शुरू रिश्ते मोल तोल में भी कोई तकरार नहीं है,
इश्क जिसे कहते थे कभी मुहब्बत की दास्तांन सुनी जाती थी,
इससे सस्ता सुन्दर कन्वर्टेबल और कोई व्यापार ही नहीं है,

मौसम में जहां रंगते हैं फ़ज़ा खुशनुमा भी है,
मायुसियां है तो क्या, दिल में हौसला भी है,
ना अना का सौदा, ना ईमां को बिकने देंगे,
अपना ए फलसफा भी और ये फैसला भी है
मयखाना है तो क्या हुआ हम शहर में रहते हैं,
रिन्दो के आसपास देखो कोई पारसा भी है,
हम अकेले दिखते हैं, मगर गौर से देखिएगा,
मंलग से मौला हैं, तन्हां है साथ काफ़िला भी है,
लोग कहते हैं हमें ख़ुदा का पता ज़रूर होगा,
जूं हम खुदा शनास, हम ही ख़ुद आशना भी है,
फ़क़त ज़िंदग़ी की सज़ा में शामिल रहे हम,
ये ही हासिल है ज़िंदग़ी का ये ही सजा भी है,

'ज्ञानभिक्षु' रिन्द... शराबी
पारसा ..... सज्जन पुरुष
ख़ुदा शनास ....ख़ुदा को पहजाने वाला,
ख़ुद आशना .....स्वयम को जाने वाला

ढल रही है उम्र के साथ में परछाइयां,
बढ़ रही है कारवां के साथ में तन्हाइयां,
अब हम समन्दर में अकेले ही रह गए हैं,
कश्ती डूबी जा रही बढ रही है गहराईयां,
हर-सू मन के पंछी पर लगाए उड़ रहें,
उमंगें खोजती रहती हैं कहीं शहनाईयां,
दोहा, सरोठा, छन्द, चौपाई बहुत लिखे,
ग़ज़ल, नज़्मो के बाद लिखी है रूबाइयों,
गिरकर वहीं आता किसी धरातल पे कहीं,
'प्रेम' जो चढ़ा हो कभी शिखर की ऊंचाइयां,

महफ़ूज़ रखे थे सजाकर पत्थर कितने,
मुहब्बत के निकल आए मगर सर कितने,
उभर आते हैं ज़ख्म ना जाने क्यूं कर यूं ही,
सोये रहे थे दर्द पहलू में दबाकर कितने,
वक्त से डर,ना इतरा ये किसी का नहीं हुआ,
ना जाने तुझ से ले गया वक्त उठाकर कितने,
'प्रेम' बदल भी जा के वक्त सबको बदल देता है,
बदलते देखें हैं तेरे जैसे यहां तेवर कितने,
एक तमन्ना को भी पुरा कहां करता है तू मौला,
हमने भी दिल रखे थे अरमान सजाकर कितने,

मेरी तरह कहां तुमने सीना-फ़िगार देखा है,
आपने बस शुकूं से भरा दिले करार देखा है,
हम नहीं झुकते किसी शय की तानाशाही से,
खुद पे यकीं रखते हैं खुद का वकार देखा है,
सर्द गर्म मौसम से नहीं रूकते हैं जिन्हें जाना है,
दौरे-सितम की धूप-छांव को बार-बार देखा है,
सबके मतलब के ही रिश्ते हैं नाम कुछ रख लो,
तिजारतों में सना मतलब तलक का प्यार देखा है,
फितरतन आदमी ही आदमी का दुश्मन बना है,
'प्रेम' खंजर पीठ पे घोपने वाला भी यार देखा है,

सीना- फ़िगार.....ज़ख्मी सीने वाला

ना कारवां, ना मंजिल, ये मैं किस सफर में हूँ,
गफलत ये कह रही है, मैं किसी भंवर में हूँ,
जाना किधर, रूकना किधर, कोई रास्ता बताएं,
आसमां सा चहूँ ओर, मैं किसी रहगुजर में हूँ,
किसी को पता नहीं मेरी मंजिल का रास्ता,
दुनिया से बहुत दूर मगर अपनी नज़र में हूँ,
मुझे मेरे काम से नहीं नहीं पहचान पाओगे तुम,
'प्रेम' शिगुफ्ता रहता हूँ मगर फिर नई सहर में हूँ
अपने से आगे जाना है मुकाम मुख्तलिफ से हैं,
खुद से भी जीतना है, पर किसी के असर में हूँ,

शिगुफ्ता..... प्रसन्न रहना

हां इंसान ही इंसान के आगे दीवार बन गया,
जिसे ढाल बनना चाहिए वो तलवार बन गया,
मतलब के ज़माने में भी कुछ लोग अभी ज़िन्दा है,
असूलों के बाजार में मुफलिस कोई खुद्दार बन गया,
जिन से खानदानी समझ के हमने बढ़ाए थे राफ्ते,
ज़मीर बेच वो तिजारतों के दौर भी बाजार बन गया
जिसके भरोसे दर्द छुपाने की कवायद कर रहे थे,
वहीं शख्स ही रकीब का हाशिया-बरदार बन गया

हाशिया बरदार..... चापलूस

अजब सा दर्द देके कोई चारागर मिला,
खुद को खोके आए तो अपना घर मिला,
मुस्कुराने वाले से जब पुछा खुशी का राज,
कहकहों के बाद वो भी चश्में-तर मिला,
किसकी तलाश थी 'प्रेम' किसे ढूंढने निकले,
सफ़र की थकन के साथ कहां हमसफ़र मिला,
रहबर के भरोसे चला था काफ़िला सफर में,
राहजन के सिवा कहीं भी कहां रहगुजर मिला,
फूलों को तोड़ ले गए अपने ही बांगवान,
फलदार शजर को हर पहर हजर हजर मिला,
क्या मिला क्या खो दिया है इस भाग दौड़ में,
गांव भी छुट गया ना हीं 'प्रेम' तुझको शहर मिला,

चारागर... चिकित्सक
चश्में-तर....नम आंखों के साथ
हजर -हजर....पत्थर पत्थर

दया कुण्ड को रोज़ ही खंगालता हूँ मैं,
ख्वाब दिल में रोज़ नये-नये पालता हूँ मैं,
बीते हुए लम्हों को बुलाना बहुत मुश्किल,
यादों की हर कतरनों को सम्हालता हूँ मैं,
अब है नहीं लेकिन वो भी इक दौर गुज़ारा,
किताबों के हर पन्ने को रोज़ निहारता हूँ मैं,
हसरतों का क्या है दिल में रोज नई आई,
वक्त के हाथों नई हसरतों को मारता हूँ मैं,
ये उम्रदराज ज़िंदग़ी सपनों से परहेज़ रखना,
मुश्किल से हक़ीक़त में ख़ुद को ढालता हूँ मैं,
गफलत में ज़िंदग़ी ना जाने किस ओर ले चले,
गलतफहमियों से 'प्रेम' खुद को यूं निकालता हूँ मैं,

यकीं तो ये था खिल के तेरे चमन में आऐंगे,
फिर से जन्म लेंगे और तेरे नशेमन में आएंगे,
तब्सिरा सुना के हम तेरी बज़्म से यूं ना जाऐंगे,
खुलूस-ए-दिल का ज़िक्र अपने सुख़न में लाएंगे,
सुन लोगे मेरी नज़्में-ग़ज़ल तो कुछ कह रही है,
हम क्या हैं दर्द समझ अहले-फन में आऐंगे,
जांबाज सिपाही के लिए वतन का हर सलाम,
वर्दी में ना लौटे तो लिपट तिरंगे कफ़न में आऐंगे,
कतरा भी काम आए अगर मेरे खूं का ऐ वतन,
'प्रेम' आज़मा लेना काम अपने वतन के आएंगे,

कुछ दोस्त मिल गये फिर दुश्मन कहां मिले,
याराने बावफा के बाद बदजन कहां मिले,
हमसफ़र के साथ ही सफ़र में क्या नहीं मिला,
राहों में रहबर ढूंढते थे जिधर, रहज़न वहां मिले,
दिल में अंधेरे थे बहुत जिनके चेहरे उदास थे,
आए महफ़िल में उनके चिराग रौशन कहां मिले,
मिले वो, दस्तूर था मिलने का बज़्म में आखिर,
जिस्म को छूने से मगर उनके मन कहां मिले,
'प्रेम' तुम हर ग़ज़ल में मुख्तलिफ बात कह गए हो,
ये वकार, ये हुनर, बताओ अहले-फन कहां मिले,

दिल से संवारा था गया वक्त हमारा ना हुआ,
ख़ुदा के वास्ते समझे जिसे वो ख़ुदारा ना हुआ,
सभी शौक़ फरमाइशें भी राज़ नही आई जिन्हें,
उनका सदाओं दुआओं से भी गुज़ारा ना हुआ,
मुफलिसी के दौर में खुद्दारी की बात का खम था,
गुलामी का एक लम्हा मगर हमें गंवारा ना हुआ,
कश्ती को भवंर से कैसे साहिल पे लाए हैं हम,
'प्रेम' राफ्ता मगर तुफां से कभी कनारा ना हुआ,
हम कुछ ना थे, मगर हमें हम पर गूरूर रहा था,
फक्र से चलें, दिखावे का कोई नज़ारा ना हुआ,

फैशनपरस्त हो गये हैं ज्जबात इन दिनों,
फिरका परस्त उठाने लगे हाथ इन दिनों,
सुलग रही हैं चमन में नफ़रत की आंधियां,
मुहब्बत की चाहिए हमें बरसात इन दिनों,
फ़रिश्तों उतर के आओ तो कभी आसमान से,
बहुत अच्छे नहीं हैं जमींन पे हालात इन दिनों,
अपनी मर्ज़ी के मालिक यहां गुरबत में जी रहे हैं,
'प्रेम' हुनरमंद भूल चुके हैं सभी रिवायात इन दिनों,
जाने किस चलन की हवा चल पड़ी है किधर से,
जोश है, होश नहीं, करते नहीं मदारात, इन दिनों,

रिवायात .... परम्पराऐ
मदारात ..,आदर सत्कार

पुछ ना साकी रिन्दों को मय की ज़रूरत क्या होती है,
तू क्या जाने पत्थर दिल ये पहली मुहब्बत क्या होती है,
तलब किसे कहते हैं, याराने, कैसे निभाए जाते हैं
शाम ढले और दोस्त मिले, दिलबर की हकीकत क्या होती है
जेब में कोडी नहीं तो क्या रिन्दों को जीना, पीना आता है,
घर बार, बाल बच्चे छोड़, रिन्दों की पहली जरूरत क्या होती है,
ये दुनिया बहुत ना शुक्री है पीने जीने नहीं देती खुलके,
पीने वालों की इस दुनिया से जानो पहली शिकायत क्या होती है,
खम्बे से टकरा जाए, रस्ते में कोई आ जाए तो सॉरी सॉरी बोलेगा,
तुम क्या जानो शराबी की पहली शराफ़त क्या होती है,
एक बात को सौ बार कहेगा चाहे तुम सुनो ना सुनो,
अनपढ़ों तुम क्या जानो रियाज़ की कीमत क्या होती है,
गलती से अपने ही घर पहुंच जाए तो ज़रूर कहेगा, ये तो अपना ही है,
गैरत की बातें छोड़ों यारों, सोचों रिन्दों की हैरत क्या होती है,

देखें हैं बहुत इन दिनों में बेज़ुबां लोग,
हर कमियां जो ढूंढते थे यहां-वहां लोग,
रायगां ना जाए खून सरहद पे किसी का
बलिदानी दे कर गए यहां जो जवां लोग,
अस्मतें लुट रही हैं तुम ख़ामोश क्यों हो,
आग घर पहुंच ना जाए, रहो बेज़ुबां लोग,
मदद में एक दूसरे की निकला करो घर से,
इस दिन के लिए बनाते हैं यहां कारवां लोग,
डर के जीना कोई जीना नहीं है ज़िंदग़ी,
हिम्मत से ही खौफ खाते हैं सख़्तजां लोग,

रायगां.... व्यर्थ, खराब

जज़्बात रह गए नहीं रखने के भी काबिल,
दर्दे दिल ने भी बना अपने लिए दिल में दिल,
अब हमें राफ्तो का वास्ता देता है वहीं दोस्त,
तौहिन करके जो बना यहां रौनकें-महफिल,
नज़रें झूका के मिल लिया अपना रकीब कल,
प्रेम' इतना ही बचा है तमाम उम्र का हासिल,
किसे ढूंढ रहे हो तुम मेरे क़त्ल के इल्ज़ाम में,
आखिर में मैं ही मिलूंगा तुमको मेरा क़ातिल,
कश्ती डूबाने वाले का है नाखुदा के वास्ता,
नाखुदा ही पहले कैसे पहुंच गया है साहिल,

दिल में हैं गर ज़ख़्म तो दर्द ना दिखाएं कोई,
ख़ुदपरस्ती ठीक, पर आईना भी लाए कोई,
दोस्ती फिर दोस्ती नहीं रहती है प्यारों समझों,
बस बात बात पे दोस्तों को ना आजमाएं कोई,
दिल की बातों को समझना हुनरमंदी होती है,
प्रेम' दिल भी क्या चीज है ये भी समझाए कोई,
दिले नासाज़ कई दिनों से रूठे-बैठे हैं घर पे,
हाले-दिल क्या है ये पूछने तो घर पे आए कोई,
हमने फनकार बहुत देखे हैं मगर दिले दर्द सा,
पर चारागर दिल का तो सही देखने आए कोई,

कद्रदानों हमें कहां अभी आपने पहचाना है,
समन्दर मय है उसकी ये दिल मयखाना है,
शहर के नाम से आ तो गए हैं हम तेरी जानिब,
हर-सू सुर्ख़ अंधेरा क्यूं, अजब सा क्यूं वीराना है,
हवा में देख मुझे महसूस कर खुश्बू की तरह हूँ,
'प्रेम' मैंने दामन को तेरे बस छू के गुजर जाना है,
इस तरह भी देखने का मजा दे ज़िंदग़ी मुझको
वो मेरे पास होगा, मैंने नज़र अन्दाज़ कर जाना है
उसकी खुश्बू का कोई रंग धुला हुआ है हवाओं में
मैं खिंचा जा रहा हूँ जैसे कोई पास में मयखाना हूँ,

मेरे दियार से करीब से बेगाना वार गुजरे वो,
रंजो-अलम जूं हमपे कर सोगवार गुज़रे वो,
अब सरकशी बाकी रही अहदे आगही दोस्तों,
प्रेम 'सर छुपा के जूं बड़े होशियार गुज़रे वो,
नज़र में आना जाए किसी जंग से आए जैसे,
इश्क के इम्तिहान में यूं जांनिसार गुजरे वो,
फ़क्र होना चाहिए जिस बात के लिए प्यारों,
बज़्म से सर छुपा के दीवानावार गुज़रे वो,
नेकी-बदी के ज़िक्र में कुछ फ़र्क रखना था,
यूं सदाकतों पे गर्दा उठाते गुबार गुज़रे वो,

जांनिसार .... जान देने वाला
दीवानावार ..... ग़मगीन, विक्षिप्त सा
सदाकतों .... सच्चाईयां

अब वो समन्दर में ही सभी कारोबार करते हैं,
हम ऐसी लहरों का साहिल पे इन्तजार करते हैं,
बेचना बिकना ही तिजारत का मकसद होता है,
इसलिए वो हर जज़्बात का इश्तिहार करते हैं,
इल्ज़ाम भी तो लगाना है किसी सर पे बुराई का,
'प्रेम' हमें अक्सर वो हर खेल में शुमार करते है,
मुस्कुराएंगे फिर दिल में उतर जाएंगे, और फिर,
सितमगरी अलग-अलग पेश वो शाहकार करते हैं
जज़्बात बेचते हैं, खरीदते हैं, दिलों से खेलते हैं
बड़े-बड़े मुख़्तलिफ़ से वो कारोबार करते हैं,

मेरी हसरतों ठहर जाओ, मेरा पीछा ना किया करो,
मैं जो नहीं हूँ उसके लिए मुझे रूसवा ना किया करो,
लफ़्ज़ों से बयां नहीं होती है मुहब्बत की तस्वीरें,
पैगाम-ए-मुहब्बत का यूं ही तमाशा ना किया करो,
हो शरीक जब इबादत की हर जुस्तजू में शामिल,
महरूमी का फिर खामखां शिकवा ना किया करो,
बन्द लिफाफे बनाए गए हैं तो मजमून समझ लीजिए,
आशना ना आशनाई का खुलासा ना किया करो,
शक्ल से बयां नहीं होती है किसी की सीरत प्यारे,
'प्रेम' रहज़न, राहगीरों पे यूं भरोसा ना किया करो

आप जाने जाते है काफ़िर अदाई के लिए,
हम झुकाते हैं ये सर पारसाई के लिए,
हमको मिली महफ़िल की से दाद ए ईमान
तुम हुए मशहूर अपनी बेऐतनाई के लिए,
हम खुदा से हर घड़ी मांगते हैं रहमों करम,
आपका जाने जाते हैं बस ना खुदाई के लिए,
किसी की हमदर्दी को ना अपनी ताकत मानते,
अहबाब की आवाज़ थी बस हमनवाई के लिए,
सबके सवालों पर भला हम ही क्यूं जबाब दे,
'प्रेम' साहिबे नजर रखे हुए हैं सफाई के लिए,

पारसाई.... पवित्रता
काफिर अदाई..... दुष्टता
बेऐतनाई..... लापरवाही

आईना देख खुद को तो पहचानें कोई,
मैं जो दिख रहा, मैं हूँ नहीं, ये माने कोई,
गुरबतों के दौर में हुनर किसे नज़र आए,
पैरहन देख ही काबिलियत को जाने कोई,
असली लिबास में जबसे देखा है रकीब ने,
अरसे नहीं आया है फिर हमें आज़माने कोई,
किसी ने खोले नहीं दरवाज़े सदाए सुनकर भी,
'प्रेम' बेचने आया हो गली में जैसे आईने कोई,
सब पारसाई है कोई खुदा से क्यूं डरते हैं फिर,
कुछ तो मतलब, इसका भी होगा माईने कोई,
दूसरों पे बड़ी तनक़ीद बड़ी तकरीर सुना देते हो,
खुद को भी देखें कभी खुद को भी पहचानें कोई,

ख़ैरख़्वाहों से मिलों तो कमाल करते हैं,
मुफलिसों से मिलों तो सलाम करते हैं,
कोई किसी को नोक सुई की जमीं ना दे,
सांप आस्तीनों में खुद इन्तज़ाम करते हैं,
जिन्हें राज़दार बनाया जाता है ज़िंदग़ी,
हर खबर को वो ही तो आम करते हैं,
बाराबर का दर्जा दे दो जब मुलाज़िम को,
'प्रेम' फिर कहां वो एहतिराम करते हैं,
उढती पतंग लुटने का मजा कुछ और ही है,
चल किसी आसमां को ज़ेरे-दाम करते हैं,
कोई क्या कर रहा, करने दें, तू परीशां क्यूं है,
जियो और जीने दो, चल अपना काम करते हैं,

ख़ैरख़्वाहों ..... भलाई चाहने वालें
एहतिराम ... सम्मान
ज़ेरे-दाम ...... वशीकरण, वशीभूत, बश मे

मन्दिर मस्जिद में कहां साहिबे-किरदार मिले,
शाम हुई तो फिर वही लोग हमें मैख्वार मिलें,
सुख का दुख से कोई रिश्ता ज़रूर होता ही है,
गुलिस्तां में गुलों के पहरों में हमको खार मिले,
फिक्रमंद जो लगते हर कदम हमदर्दी करते थे,
आला दर्जे के दरअसल वो हमें किरदार मिले,
जरूरत से ज़्यादा मीठे, कद्रदानों से बचके रहे,
हमको रहबराने-कौम हाशिया-वरदार मिले,
प्रेम, सोहबत, शोहरत, की दौलत जो छोड़ भूले गए,
जिन्हें परवाह नहीं रही, ऐसे भी हमको यार मिलें,

साहिबे-किरदार... चरित्रवान
मैख्वार... शराबी, मद्यप
हाशिया वरदार.... चापलूस, पिच्छलगू

सादगी में बसा करता है दिल तुम्हारा,
तो क्या होगा सोचो, मुस्तकबिल तुम्हारा,
वतन को बांटने वालों से खबरदार रहना,
खून शामिल इसमें है हमारा-तुम्हारा,
वतन के वास्ते क़फ़न-वरदोश रखिएगा,
खून कभी भी मांग सकता क़ातिल हमारा,
हमारा एक रहना खटकता है नजिरो को,
भटकने दो पड़ा रहे यूं ही बिस्मिल हमारा,
दीवारें तुहमत से हमें तोड़ा जा नहीं सकता,
मुहब्बत से भरा है खुलूसे-दिल हमारा,
इल्तिज़ा करके मर जाए शायद एक दिन वो,
जांबख्शना चाहता जिस शर्त कातिल हमारा,

मुस्तकबिल .... भविष्य

वो रहे दिल में मगर वो इकरार ना करें,
धड़कने से दिल कभी इनकार ना करें,
बेपनाह प्यार उसके दिल में मैं जानता हूँ,
तस्लीम ना करें वो बस इजहार ना करें,
तलब किसी भी दर्द की होती नहीं लेकिन,
तब्सिरा हर एक बात का फनकार ना करें,
बिन दाम ही मिल जाते हैं अपने बाजार नहीं,
'प्रेम' हिकारत से हमको कोई प्यार ना करें,
अपने मेय्यार से कभी नीचे नहीं उतरते हम,
कीमत ना चुका पाओगे कोई व्यापार ना करें,

हिकारत .... तिरस्कार

बहुत दिनों के बाद मिला हूँ दीवारों से,
उलझ गया हूँ दुनिया के विस्तारों में,
मुझको सब ऐसे मिलने आए हैं यारों,
जैसे कोई आ मिलता है बीमारों से
सबने समय निकाल गप्पे हांकी प्यारी सी,
बहुत अच्छा लगा मिल अपने रिश्तेदारों,
सम्पर्क सूत्र हैं,पर व्यस्तता में सब गुम है,
भल्ली बुरी सब खबर मिली अखबारों से,
दादा-दादी, नाना-नानी बृद्ध आश्रम में मिले,
पूछने लगे, कमी रही हमारे ही संस्कारों में,
सबसे अच्छे रिन्द परहेज नहीं करते कोई,
पैमाने की कोई छुआछुत नहीं मैख्वारों में,

मेरे दियार से करीब से बेगाना वार गुजरे वो,
रंजो-अलम जूं हमपे कर सोगवार गुज़रे वो,
अब सरकशी बाकी रही अहदे आगही दोस्तों,
प्रेम 'सर छुपा के जूं बड़े होशियार गुज़रे वो,
नज़र में आना जाए किसी जंग से आए जैसे,
इश्क के इम्तिहान में यूं जांनिसार गुजरे वो,
फ़क्र होना चाहिए जिस बात के लिए प्यारों,
बज़्म से सर छुपा के दीवानावार गुजरे वो,
नेकी-बदी के ज़िक्र में कुछ फ़र्क रखना था,
यूं सदाकतों पे गर्दा उठाते गुबार गुज़रे वो,

जांनिसार .... जान देने वाला
दीवानावार ..... ग़मगीन, विक्षिप्त सा सदाकतों .... सच्चाईयां

ख़ैरख़्वाहों से मिलों तो कमाल करते हैं,
मुफलिसों से मिलों तो सलाम करते हैं,
कोई किसी को नोक सुई की जमीं ना दे,
सांप आस्तीनों में खुद इन्तजाम करते हैं,
जिन्हें राज़दार बनाया जाता है ज़िंदग़ी,
हर खबर को वो ही तो आम करते हैं,
बाराबर का दर्जा दे दो जब मुलाजिम को,
प्रेम' फिर कहां वो एहतिराम करते हैं,
उढती पतंग लुटने का मजा कुछ और ही है,
चल किसी आसमां को जेरे-दाम करते हैं,
कोई क्या कर रहा, करने दे, तू परीशां क्यूं है,
जियो और जीने दो, चल अपना काम करते हैं,

ख़ैरख़्वाहों ..... भलाई चाहने वालें एहतिराम ... सम्मान
जेरे-दाम ...... वशीकरण, वशीभूत, बश मे

दौरे-बेज़मीर ने हमें ये क्या बना दिया है,
पारसाई को भी मुनाफिक़ बना दिया है,
बिजलियों का नाम खामखां बदनाम क्यूं करो,
सुनते हैं बागवां ने ही गुलिस्तां जला दिया है,
जिस राह चलने में कभी अड़चन बहुत आई,
सुना है उसने हर राह से पत्थर हटा दिया है,
वो दोस्त बनके आज बज़्म में बैठे थे साथ में,
कल इल्ज़ाम इक दूजे पे जिसने लगा दिया है,
दरकार उसे ही आज उजालों की पड़ गई है 'प्रेम',
कभी दीया जिसने अपने हाथों से बुझा दिया है,

दौरे-बेज़मीर ... आत्महीन समय, संवेदन हीन समय
मुनाफिक ..... कपटी, ढोंगी

हम को चाहते हो तो आसमां देखो,
हमसां ना कोई फिर हमज़बां देखो,
बदलेगा वक्त, कुछ और वक्त लगेगा,
रहनुमा सा कोई हो, हुक्मरां देखो,
दिल से दिल मिले तो, चले सफ़र में,
तिजारती बादशाह ना सख़्तजां देखो,
बात हो दिल से ना कोई शिकवा रहे,
तर्के-गुफ्तगू में ना कोई तल्खियां देखो,
अहले-खिरद से मिल, मंजिल तलक गए,
'प्रेम' क्या रास्ते में आएगी ना गुथियां देखो,
कोई मंजिल कभी आखिरी नहीं होती प्यारे,
इम्तिहां के बाद आएगा नया इम्तिहां देखो,

अहले-खिरद ... अक्लमंद

फ़क़ीरी मिलती है ताजों-तख्त ठुकरा कर,
मिलते हैं सलाम,खुदमें वो वकार पैदा कर,
कैसे गुजरी सफ़र में कहां तक हवा चली,
थकन उतर जाएगी कभी तो हाल पुछा कर,
सब कुछ बदलना वक्त के भरोसे रहोगे क्या,
तू कितना बदल रहा खुद से सवाल पूछा कर,
जीत-हार में कोई किसी से कम नहीं होता,
हार के कब कौन जीत जाए सवार देखा कर,
लड़ने से पहले एक शास्त्र सिखना ज़रूरी है,
विरोधी के हाथ है कौन सा हथियार देखा कर,

वक्त के साथ-साथ बदल जा प्यारे,
खुद से तो आगे निकल जा प्यारे,
वक्त हर बात का हिसाब ले लेगा,
वक्त से पहले ही सम्भल जा प्यारे,
ये पुतला इक दिन जलाया जाएगा,
किसी की राह में रौशनी सा जल प्यारे,
अब किसी पर कोई भरोसा ना करना,
बैसाखियां है तो खुद ही चल जा प्यारे,
ग़म के हर मोड़ पर ठीकाने है मगर,
इक नई सहर होगी ग़म निघल जा प्यारे,

वो बन गया है मसीहा ज़माना क्या करे,
फ़लक पे ज़मीं है फिर फ़साना क्या करें,
आसान नहीं शिखर पे बने रहना हमेशा,
ये वक्त लगाता है सही निशाना क्या करें,
बरसात के मौसम में धरती भी नहाती है,
वंचित फुहारों से रह गए तो बहाना क्या करें,
कहानी तो बन के आती है रब के नज़ीर से,
बनाने से कुछ क्या होगा, अफसाना क्या करें,
ग़म के भरे प्याले छलक जाते हैं महफ़िलों में,
कदमों का क्या कसूर, कोई पैमाना क्या करें,
'प्रेम' यहां कोई किसी का नहीं होता सफ़र में,
मंज़िल अपनी जगह है कोई दीवाना क्या करे,
ज्योत को जलना है, पतंगों को जल जाना होगा,
दिल से प्रीत लगाई हो तो फिर परवाना क्या करें,

मेरा सरमाया है मेरे पास चल के आएगा,
वक्त हर शय को एक दिन आईना दिखाएगा,
फूल, दस्तें, पुष्प गुच्छ, खुश्बू उसके हाथ में रहे,
देखना इसलिए वो हाथ से हाथ नहीं मिलाएगा,
मुसाफिर अपने मय्यार से कभी नीचे नहीं उतरा,
रूकेगा नहीं, धुनी मस्तमौला चलता चला जाऊंगा,
ये बड़ी दुनिया यहां भीड़ है बहुत कितने लोग रहते हैं,
मुक्तसर-सा मेरा दियार भला किसको नज़र आएगा,
काफ़िला लेके जो चलते हैं समन्दर के अन्दर भी यहां,
'प्रेम' मौज बनके कोई साहिल उनको लेने नहीं आएगा

गुफ्तगू कुछ और है यहां मसहला कुछ और है,
गलतफहमियां होती है उसके दरमियां कुछ और है,
नुक्स तो निकला नहीं दिल को भला कैसे देखें कोई,
चेहरे से कुछ दिखता नहीं पर खामियां कुछ और है,
ग़ज़ल में तनक़ीद का मतलब ये तो हरगिज़ नहीं होता,
हम सुख़न समझों रदीफ में कुछ है और क़ाफिया कुछ और है,
कुछ कहानी के लिए लिखा गया कुछ नज़ाकत के लिए,
कुछ कहा है वो कहानी है और हमने जीया कुछ और है,
है नशा कदमों को भी तो लड़खड़ाना चाहिए हुज़ूर,
ज़िक्र में जो आ गया वो कुछ, हमने तो पीया कुछ और है,

वक्त था जब अपने साये से भी डरता था मैं,
साये को पीछे छोड़कर राह से गुजरता था मैं,
पत्थरों में था मैं तराशा गया हूँ फिर इस कदर,
अपनी ही तारीफ सुनता तो फिर डरता था मैं,
मैं चलना सिखा हूँ पत्थरों से जब ठोकरें मिली,
सम्भलना नहीं जानता था जब कभी गिरता था मैं,
सब यही कहते हैं अब वकार 'प्रेम' के जैसा बने,
अपनी सूरत- सीरत पर भी कहां मरता था मैं,
बस चला हूँ राहों में, कितने मिले थे अफलातून,
अटका नहीं कहीं, 'प्रेम' आहें कहां भरता था मैं,

तकरीर सुनी उनकी सवाल क्या है पता नहीं,
चारागर से मिलें, अब हाल क्या है पता नहीं,
हम उनसे मिले तक नहीं, उसने हमें देखा नहीं,
गुरूर किस बात का मलाल क्या है पता नहीं,
एक से एक मिलके इतरा रहे जैसे हजार हों,
हमारा बन्दोबस्त देखो, कमाल क्या है पता नहीं,
काठ की हांडी हैं इक बार काम लें भी सकते हो,
'प्रेम' बज़्म में चर्चा क्या, मिसाल क्या है पता नही,
कबाब की हड्डी समझ घुसना कौन अच्छी बात है,
किसका, कब, कहां, इस्तेमाल क्या है पता नहीं,

आपने जब भी कहा है, मैं मुस्कुराया हूँ,
वो अलग बात, तेरे शहर मैं नया आया हूँ,
ऐसे मिलता हैं मुझे हर शख़्स तेरे शहर में,
जैसें हकीकत नहीं हूँ, मैं कोई साया हूँ,
दूर से देख मैं जिसके लिए भागा हूँ बहुत,
पास से मिल के उसे मैं बहुत पछताया हूँ,
लोग बड़े ख़ामोश जो दिखते हैं, लगते ही है,
हरकतें देख उसकी अक्सर मैं तिलमिलाया हूँ,
सरहद के पास से जब भी गुजर के देखा है,
'प्रेम' सकून कहता है मुझे, मैं भी तो हमसाया हूँ,